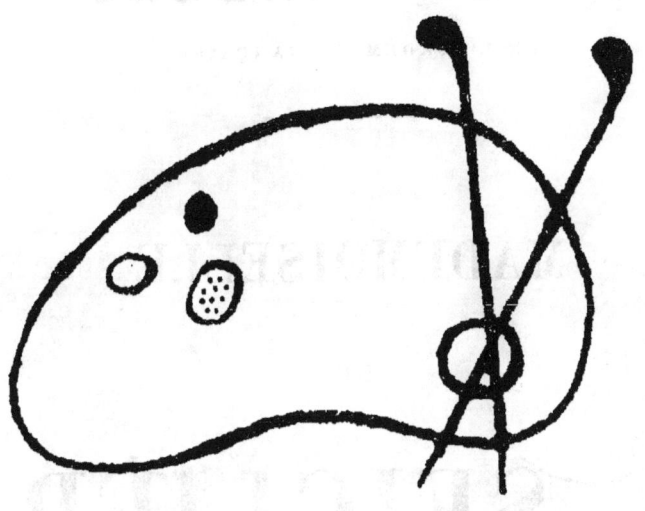

Début d'une série de documents en couleur

JULES SANDEAU

DE L'ACADÉMIE FRANÇAISE

MADEMOISELLE DE LA SEIGLIÈRE

VINGT-TROISIÈME MILLE

PARIS

G. CHARPENTIER ET Cie, ÉDITEURS

11, RUE DE GRENELLE, 11

Extrait du Catalogue de la BIBLIOTHEQUE-CHARPENTIER
13, RUE DE GRENELLE, PARIS
à 3 fr. 50 le volume

CHOIX DE ROMANS, CONTES, NOUVELLES

Paul ALEXIS
La fin de Lucie Pellegrin. . . . . 1 vol.

Léon ALLARD
Maison de famille. . . . . 1 vol.

Théodore de BANVILLE
Contes pour les Femmes . . . . 1 vol.
Esquisses parisiennes. . . . . 1 vol.

Daniel DARC
La Couleuvre. . . . . 1 vol.

Alphonse DAUDET
Numa Roumestan . . . . 1 vol.
Fromont jeune et Risler aîné . . . . 1 vol.

Léon HENNIQUE
L'Accident de M. Hébert. . . . . 1 vol.

Camille LEMONNIER
Thérèse Monique. . . . . 1 vol.

A. MATTHEY (Arthur-Arnould)
La Brésilienne. . . . . 1 vol.
Zoé Chien-Chien . . . . 1 vol.

Jules SANDEAU
Marianna . . . . 1 vol.
Valcreuse. . . . . 1 vol.

André THEURIET
Mademoiselle Guignon. . . . . 1 vol.
Le Mariage de Gérard. . . . . 1 vol.

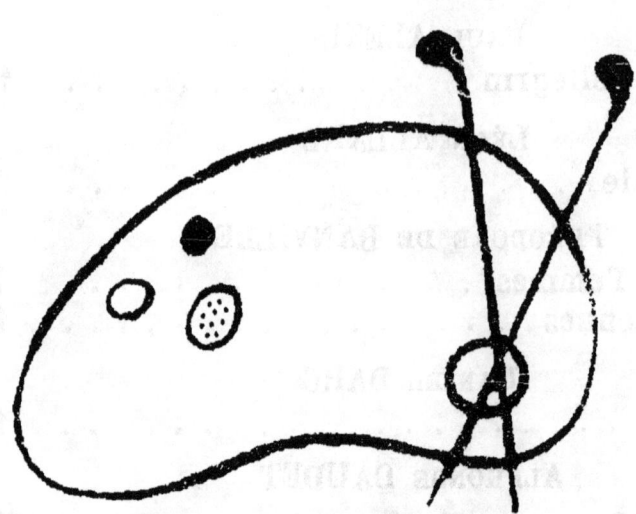

Fin d'une série de documents
en couleur

MADEMOISELLE
DE LA SEIGLIÈRE

OUVRAGES DU MÊME AUTEUR

PUBLIÉS DANS LA BIBLIOTHÈQUE CHARPENTIER

à 3 fr. 50 le volume.

MADELEINE, ouvrage couronné par l'Académie française......	1 vol.
MADEMOISELLE DE LA SEIGLIÈRE, 23ᵉ mille...................	1 vol.
MARIANNA, 14ᵉ édit..	1 vol.
LE DOCTEUR HERBEAU, 12ᵉ édit..............................	1 vol.
FERNAND, suivi de VAILLANCE et de RICHARD, 8ᵉ édit.........	1 vol.
VALCREUSE, 12ᵉ édit.......................................	1 vol.
MADAME DE SOMMERVILLE, suivie de LA CHASSE AU ROMAN......	1 vol.

LE DOCTEUR HERBEAU, 1 vol. in-32.........................	4 fr.
MADEMOISELLE DE LA SEIGLIÈRE, 1 vol. in-32................	4 fr.
LA CHASSE AU ROMAN, 1 vol. in-32.........................	4 fr.

Paris. — Imp. G. ROUGIER et Cⁱᵉ, rue Cassette, 1.

JULES SANDEAU

MADEMOISELLE DE

LA SEIGLIÈRE

VINGT-TROISIÈME MILLE

PARIS
G. CHARPENTIER ET Cⁱᵉ, ÉDITEURS
11, RUE DE GRENELLE, 11,

1887
Tous droits réservés.

CHAPITRE I.

S'il arrive jamais qu'en traversant Poitiers un des mille petits accidents dont se compose la vie humaine vous oblige de séjourner tout un jour en cette ville, où je suppose que vous n'avez ni parents, ni amis, ni intérêts qui vous appellent, vous serez pris infailliblement, au bout d'une heure ou deux, de ce morne et profond ennui qui enveloppe la province comme une atmosphère, et qu'on respire particulièrement dans la capitale du Poitou. Je ne sais guère, dans tout le royaume, que Bourges où ce fluide invisible, mille fois plus funeste que le mistral ou le siroco, soit si pénétrant, si subtil, et s'infiltre dans tout votre être d'une façon plus soudaine et plus imprévue. Encore, à Bourges, avez-vous, pour conjurer le fléau, le pèlerinage à l'une des plus belles cathédrales qu'aient élevées l'art et la foi catholiques; il y a là de quoi défrayer l'admiration durant une semaine et plus, sans parler de l'hôtel de Jacques Cœur, autre merveille, où vous pouvez, autre distraction, méditer à loisir sur l'ingratitude des rois. Enfin, le long de ces rues désertes où l'herbe croît entre les pavés, en face de ces grands hôtels, tristement recueillis au fond de leur cour silencieuse, l'ennui revêt bientôt, à votre insu, un caractère de mélancolie qui n'est pas sans charme. Bourges a la poésie du cloître : Poitiers est un tombeau. Si donc, malgré les vœux sincères que j'adresse au ciel pour qu'il vous en garde, quelque génie malfaisant, quelque malencontreux hasard vous arrête en ces sombres murs, ce que vous aurez de mieux à faire sera de vous hâter d'en sortir. La campagne est à deux pas ; les alentours, sans être pittoresques, ont de riants et frais aspects. Gagnez les bords du Clain. Le Clain est une petite rivière à laquelle la Vienne cède l'honneur d'arroser les prairies du chef-lieu de son département. Le Clain n'en est pour cela ni plus turbulent ni plus fier. Égal en son humeur, modeste en son allure, c'est un honnête ruisseau qui n'a pas l'air de se douter qu'il passe au pied d'une cour royale, d'un évêché et d'une préfecture. Si vous suivez le sentier, en remontant le cours de l'eau, après deux heures de marche, vous découvrirez un vallon dessiné par l'élargissement circulaire des deux collines entre lesquelles le Clain a fait son lit. Imaginez deux amphithéâtres de verdure, élevés en face l'un de l'autre et séparés par la rivière qui les réfléchit tous les deux. Un vieux pont aux arches tapissées de mousses et de capillaires est jeté entre les deux rives. En cet endroit, le Clain, s'élargissant avec les coteaux qui l'encaissent, forme un bassin de belles ondes unies comme un miroir, et qu'on prendrait en effet pour une glace d'une seule pièce, jusqu'au barrage, où le cristal se brise et vole en poussière irisée. Cependant, à votre droite, fièrement assis sur le plateau de la colline, le château de la Seiglière, vrai bijou de la renaissance, regarde onduler à ses pieds les ombrages touffus de son parc ; tandis qu'à votre gauche, sur la rive opposée, à demi caché par un massif de chênes, le petit castel de Vaubert semble observer d'un air humble et souffrant la superbe attitude de son opulent voisin. Ce coin de terre vous plaira ; et si vous vous êtes laissé conter par avance le drame auquel cette vallée paisible a servi de théâtre, peut-être éprouverez-vous, en la visitant, quelque chose du charme mystérieux que nous éprouvons à visiter les lieux consacrés par l'histoire ; peut-être chercherez-vous sur ces épais gazons des traces effacées ; peut-être irez-vous à pas lents et rêveurs, évoquant çà et là des ombres et des souvenirs.

Unique héritier d'un nom destiné à finir avec lui, le dernier marquis de la Seiglière vivait royalement dans ses terres, chassant, menant grand train, faisant du bien à ses paysans, sans préjudice de ses priviléges, quand tout à coup le sol tressaillit, et l'on entendit comme un grondement sourd, pareil au bruit de la mer que va soulever la tempête. C'était le prélude du grand orage qui allait ébranler le monde. Le marquis de la Seiglière n'en fut point troublé et s'en émut à peine : il était de ces esprits étourdis et charmants qui, n'ayant rien vu ni rien compris de ce qui se passait autour d'eux, se laissèrent surprendre par le flot révolutionnaire, comme des enfants par la marée montante. Soit qu'il courût le cerf dans ses bois de haute futaie, soit qu'assis mollement sur les coussins de sa voiture, près de sa jeune et belle épouse, il se sentît entraîné au galop de ses chevaux, à l'ombre de ses arbres, sur le sable de ses allées ; soit qu'il réunît à sa table somptueuse les gentilshommes ses voisins ; soit que, du haut de son balcon, il contemplât avec orgueil ses prés, ses champs de blé, ses forêts, ses fermes et ses troupeaux : de quelque point de vue qu'il envisageât la question politique et sociale, l'ordre présent lui paraissait si parfaitement organisé, qu'il n'admettait pas qu'on pût s'occuper sérieusement de mettre rien de mieux à la place. Toutefois, moins par prudence que par ton, il fit partie de cette première émigration, qui ne fut, à vrai dire, qu'une promenade d'agrément, un voyage de mode et de fantaisie; il s'agissait de laisser passer le grain et de donner au ciel le temps de se remettre au beau. Mais, au lieu de se dissiper, le grain menaça bientôt de devenir une horrible tourmente; et le ciel, loin de s'éclaircir, se chargea de nuages sanglants d'où s'échappaient déjà des éclairs et des coups de foudre. Le marquis commença d'entrevoir que les choses pourraient bien être plus sérieuses et durer plus longtemps qu'il ne l'avait d'abord imaginé. Il rentra précipitamment en France, recueillit à la hâte ce qu'il put réaliser de son immense fortune, et s'empressa d'aller rejoindre sa femme, qui l'attendait sur les bords du Rhin. Ils se retirèrent dans une petite ville d'Allemagne, s'y installèrent modestement, et vécurent dans une médiocrité peu dorée : la marquise, pleine de grâce, de résignation et de beauté touchante; le marquis, plein d'espoir et de confiance en l'avenir, jusqu'au jour où il apprit coup sur coup qu'une poignée de vauriens, sans pain ni chausses, n'avaient pas craint de battre les armées de la bonne cause, et qu'un de ses fermiers, nommé Jean Stamply, s'était permis d'acheter et possédait, en bonne et légitime propriété, le parc et le château de la Seiglière.

Depuis qu'il existait des Stamply et des la Seiglière, il y avait toujours eu des Stamply au service de ces derniers, si bien que la famille Stamply pouvait se vanter à bon droit de dater d'aussi loin que la famille de ses maîtres. C'était une de ces races de serviteurs dévoués et fidèles dont le type a disparu avec la grande propriété seigneuriale. De simples gardes-chasse qu'ils avaient d'abord été de père en fils, les Stamply étaient devenus fermiers; peu à peu, à force de travail et d'économie, grâce aussi aux bontés du château, qui ne leur fit point faute, ils avaient fini par se trouver à la tête d'un certain avoir. On ne savait pas au juste à quoi se montait leur fortune; mais on les disait plus riches qu'ils ne voulaient le laisser croire, et nul ne fut surpris dans le pays lorsque, après le décret de la Convention qui déclarait propriétés nationales tous les biens territoriaux des émigrés, on vit le fermier Jean Stamply se faire adjuger aux enchères l'habitation de ses anciens maîtres. Cela fait, il continua de vivre dans sa ferme comme par le passé, actif, laborieux, se tenant à l'écart; achetant sans bruit, à vil prix, morceau par morceau, les terres déjà vendues ou demeurées sous le séquestre; réunissant, rajustant chaque année quelques nouveaux débris de la propriété démembrée. Enfin, quand la France se prit à respirer, et que le calme commença de renaître, par un beau matin de printemps, il mit sa femme et son fils dans la carriole d'osier qui lui servait habituellement de calèche; puis, s'étant assis sur brancard, le fouet d'une main et les guides de l'autre, il alla prendre possession du château, qui était comme la capitale de son petit royaume.

Cette prise de possession fut moins triomphante et moins joyeuse qu'on ne pourrait se plaire à le croire. En traversant ces vastes appartements auxquels l'abandon avait imprimé un caractère grave et solennel, sous ces plafonds, sur ces parquets, entre ces lambris encore tout imprégnés du souvenir des anciens hôtes, madame Stamply, qui n'était, à tout prendre, qu'une bonne fermière, se sentit singulièrement troublée; lorsqu'elle se trouva devant le portrait de la marquise, qu'elle reconnut aussitôt à son frais et gracieux sourire, la brave femme n'y tint plus. Stamply lui-même ne put se défendre d'une vive émotion qu'il ne chercha point à dissimuler.

—Tiens, Jean, dit la fermière en essuyant ses yeux, ne restons pas ici : nos cœurs y seraient mal à l'aise. J'ai déjà honte de notre fortune en songeant que madame la marquise souffre peut-être de la misère ; j'ai beau me dire que cette fortune, nous l'avons laborieusement gagnée, j'en éprouve comme des remords. Ne te semble-t-il pas que ces portraits nous observent d'un air irrité, et qu'ils vont prendre la parole ? Allons-nous-en. Ce château n'a pas été bâti pour nous, nous y dormirions d'un mauvais sommeil ; et, crois-moi, c'est déjà trop pour nous de ne manquer de rien, tandis qu'il y a des la Seiglière dans la peine. Viens, retournons à notre ferme. C'est là que ton père est mort, c'est là qu'est né ton fils ; c'est là que nous avons vécu heureux. Continuons d'y vivre simplement : les honnêtes gens nous en sauront gré, les envieux nous respecteront ; et Dieu, en voyant que nous jouissons de nos richesses avec modestie, nous regardera sans colère et bénira nos champs et notre enfant.

Ainsi parla la fermière ; car elle avait le cœur haut placé, et, quoique sans éducation première, était femme d'un sens droit et d'un jugement sain. Voyant que son mari l'écoutait d'un air pensif et paraissait près de céder, elle redoubla d'insistance ; mais Stamply triompha bientôt de l'émotion qu'il n'avait pu réprimer d'abord. Il avait reçu quelque instruction, s'était frotté aux idées nouvelles. Bien qu'il gardât pour le marquis de la Seiglière, moins encore que pour la marquise, un reste de respect et même de reconnaissance, à mesure qu'il s'était enrichi, les instincts de la propriété l'avaient gagné peu à peu et avaient fini, dans les derniers temps, par l'envahir et par l'absorber. D'ailleurs il avait un enfant : les enfants sont toujours un merveilleux prétexte pour encourager et pour légitimer dans les familles les excès de l'égoïsme et les abus de l'intérêt personnel.

— Tout cela est bel et bon, dit-il à son tour ; mais un château est fait pour qu'on l'habite, et j'imagine que nous n'avons pas acheté celui-ci pour y parquer nos bœufs et nos moutons. Si nos maîtres ont quitté le pays, ce n'est pas notre faute ; ce n'est pas nous qui avons mis leurs personnes hors la loi et leurs biens sous le séquestre. Ces biens, nous ne les avons pas dérobés ; nous ne les tenons que de notre travail et de la nation. Il n'y a plus de maîtres ; les titres sont abolis, tous les Français sont égaux et libres, et je ne sais pas pourquoi les Stamply dormiraient ici moins bien que n'y dormaient les la Seiglière.

— Tais-toi, Stamply, tais-toi, s'écria la fermière ; respecte le malheur, n'outrage pas la famille qui de tout temps a nourri la tienne.

— Je n'outrage personne, reprit Stamply un peu confus ; je dis seulement que, lors même que nous continuerions de vivre à la ferme, cela ne changerait rien à la question ; je ne vois guère ici que les rats qui s'en trouveraient plus à l'aise. Nous ne sommes que des paysans, c'est vrai : notre éducation et notre position sont en désaccord, j'en conviens ; mais, si nous en souffrons, nous devons veiller à ce que notre fils n'en souffre pas un jour : c'est notre devoir de l'élever en vue de la position à laquelle notre fortune lui permettra de prétendre plus tard. Seras-tu bien à plaindre quand tu verras ce petit drôle de Bernard, l'épée au côté, avec deux épaulettes à grains d'or ? Et toi-même, je voudrais bien savoir, en fin de compte, pourquoi tu ne deviendrais pas, comme madame la marquise, la providence de ces campagnes et l'ornement de ce château.

— Pour n'avoir pas grandi dans un palais, notre fils n'en vaudra que mieux ; et madame la marquise, en abandonnant sa demeure, n'y a pas laissé le secret de sa grâce et de sa beauté, répliqua la bonne femme en branlant la tête. Vois-tu, Stamply, ces gens-là avaient quelque chose qui nous manquera toujours à nous autres ; on peut bien leur prendre leurs domaines, mais ce quelque chose-là, on ne le leur prendra jamais.

— Eh bien, nous nous en passerons ; qu'ils le gardent, et grand bien leur fasse ! Toujours est-il que nous sommes chez nous, et nous y resterons.

Ce qui fut dit fut fait. On touchait alors au printemps ; c'était le premier du siècle. Le petit Bernard avait huit ans au plus ; c'était, dans toute l'acception du mot, un franc polisson qui possédait à un degré éminent tous les agréments de son âge, bruyant, mutin, tapageur, indisciplinable, s'attaquant à tous les drôles du village, tour à tour battant et battu, ne rentrant jamais au logis qu'avec une veste en lambeaux ou quelque meurtrissure au visage. Stamply commença par donner un précepteur à cet aimable enfant; puis, se reposant sur un cuistre du soin de lui former un homme, il se disposa à jouir paisiblement et sans ostentation de la position qu'il s'était faite par le concours simultané de ses labeurs et des événements. Malheureusement il était écrit là-haut que sa vie ne devait plus être qu'une longue suite, rarement interrompue, de déboires, de tribulations et d'épouvantables douleurs.

D'abord le jeune Stamply se montra on ne peut plus rebelle aux bienfaits de l'éducation : non qu'il manquât d'intelligence et d'aptitude, mais c'était une nature indomptable chez laquelle les instincts turbulents étouffaient ou contrariaient tous les autres. Il découragea successivement la patience de trois précepteurs, qui, de guerre lasse, lâchèrent la partie après y avoir perdu leur latin. Découragé lui-même, le père Stamply se décida à placer son fils dans un des lycées de Paris, espérant que l'éloignement, le pain sec, les pensums et le régime militaire qui gouvernait alors les colléges, viendraient à bout de ce jeune ange. La séparation ne s'effectua pas sans déchirements. Tel que nous le voyons, Bernard était l'amour, l'orgueil et la joie de sa mère. En le voyant partir, la bonne femme sentit son cœur près de se briser ; lorsqu'à l'heure des adieux elle le presse dans ses bras, elle eut comme un pressentiment qu'elle ne le reverrait plus et qu'elle l'embrassait pour la dernière fois.

C'est qu'en effet la pauvre mère ne devait plus revoir son enfant. Sa santé s'était sensiblement altérée. Habituée aux travaux de la ferme, l'oisiveté la consumait. Le jour, elle errait, comme une âme en peine, dans ses appartements ; la nuit, quand elle parvenait à s'endormir, elle rêvait qu'elle voyait la marquise de la Seiglière demandant l'aumône à la porte de son château. Il n'y avait que Bernard qui jetât autour d'elle un peu de mouvement, de bruit et de gaieté. Lorsque la maison ne retentit plus des éclats de la voix joyeuse et que la fermière n'eut plus là, sous la main, son petit Bernard pour l'étourdir et la distraire, elle se sentit prise d'une sombre mélancolie, et ne tarda pas à dépérir. Son mari fut longtemps à s'en apercevoir. Il avait conservé ses habitudes de travail et d'activité. Il restait rarement au gîte, était sans cesse par monts et par vaux, visitait ses domaines, avait l'œil à tout, et se donnait parfois la satisfaction de tirer quelques lièvres et quelques perdreaux sur ces terres où ses aïeux avaient gardé le gibier seigneurial. Il finit pourtant par remarquer l'état languissant de l'humble et triste châtelaine.

— Qu'as-tu? lui disait-il parfois. N'es-tu pas une heureuse femme? que te faut-il? que te manque-t-il? Parle enfin, que désires-tu?

— Hélas! répondait-elle alors, il me manque notre modeste aisance d'autrefois. Je voudrais, comme autrefois, traire nos vaches et battre notre beurre; je voudrais faire la soupe pour nos bergers et nos garçons de ferme; je voudrais revoir mon petit Bernard; je voudrais apporter ici chaque matin nos œufs, notre crème et notre lait fumant. Tu te souviens, Stamply, comme madame la marquise l'aimait, notre crème! Qui sait, pauvre chère âme, si elle en a d'aussi bonne à présent?

— Bah! bah! répondait Stamply, la crème est bonne partout. Sois donc sûre que madame la marquise ne manque de rien. Le marquis n'est point parti les mains vides, et je jurerais qu'il a dans ses tiroirs plus de bons louis d'or que nous n'avons, nous autres, de méchants écus de six livres. S'il n'a pas emporté dans son portefeuille son château, son parc et ses terres, nous n'y pouvons rien; ce n'est pas à nous qu'on doit s'en prendre. Il faut se faire une raison. Quant à ton petit Bernard, tu le reverras; le drôle n'est pas mort. Penses-tu qu'au lieu de l'envoyer étudier et s'instruire il eût été plus raisonnable de le garder ici à dénicher des oiseaux pendant l'été, et, durant l'hiver, à se battre à coups de boules de neige avec tous les va-nu-pieds du pays?

— C'est égal, Stamply, ce n'est pas ici notre place, et ç'a été un mauvais jour, le jour où nous avons quitté notre ferme.

A ces mots, qui revenaient sans cesse dans tous les discours de sa femme, Stamply haussait les épaules et se retirait avec humeur. Cependant le mal empirait. Esprit faible, conscience timorée, la pauvre châtelaine en arriva bientôt à se demander avec épouvante si son mari ne l'avait pas trompée, si les choses s'étaient accomplies aussi honnêtement qu'il le disait, s'il était vrai que toute cette fortune fût légitimement acquise et que le château n'eût rien à reprocher à la probité de la ferme. Grâce à la préoccupation continuelle, elle passa promptement du doute à la conviction, du scrupule au remords. Dès lors elle se desséche dans l'idée que Stamply avait volé et dépossédé traîtreusement ses maîtres. Ce devint en peu de temps une monomanie

qui ne lui laissait ni paix ni trêve; malgré tous les
efforts que tenta son mari pour lui montrer qu'elle
était folle, cette folie ne fit qu'augmenter. Ce fut au
point que Stamply, qui pensa lui-même en perdre la
tête, se vit obligé de l'enfermer et de veiller sur elle;
car elle allait partout répétant que son mari, elle et
son fils n'étaient qu'une famille de gueux, de ban-
dits et de spoliateurs. Elle mourut dans un état d'exaltation impossible à décrire, croyant entendre la
maréchaussée qui accourait pour la saisir, et suppliant son mari de rendre aux la Seiglière leur château et tous leurs domaines, trop heureux, ajouta-
t-elle en expirant, s'il pouvait à ce prix sauver sa
tête de l'échafaud et son âme du feu éternel.

Maître Stamply n'était pas précisément un esprit
fort. Sans parler de la douleur qu'il en ressentit, la
mort de sa femme le frappa d'une étrange sorte.
Bien qu'il affichât volontiers un certain mépris de
la classe nobiliaire, il y avait toujours en lui un vieux
fonds de vénération pour les maîtres qu'il avait remplacés; et quoique, en interrogeant sa conscience, il
se jugeât irréprochable, il ne pouvait parfois s'empêcher d'être troublé par leur souvenir. Toutefois,
les impressions funèbres dissipées, il reprit son même
train de vie, et reporta vers son fils absent toutes
ses pensées et toutes ses ambitions.

A seize ans, son éducation se trouvant achevée, Bernard revint au logis. C'était alors un beau jeune homme, grand, mince, élancé, au cœur bouillant, aux regards de flamme, tout rempli des ardeurs de son âge, qu'excitaient encore les belliqueuses influences d'une époque éprise de gloire et de combats. Jusqu'alors la vie du château n'avait guère différé de celle de la ferme. Au retour de Bernard, tout prit une face nouvelle. Étranger aux faits du passé, n'ayant qu'un vague souvenir des la Seiglière, qu'une idée confuse des événements qui l'avaient enrichi, ce jeune homme pouvait jouir des bienfaits de sa position sans scrupule, sans trouble et sans remords. Jeune, il avait tous les goûts, tous les instincts de la jeunesse. Il chassa, creva des chevaux, étonna le pays par le luxe de ses équipages, et fit, comme on dit, sauter les écus paternels, le tout à la plus grande satisfaction du digne Stamply, qui ne se sentait pas d'aise de reconnaître chez son fils les manières d'un grand seigneur. Tout était pour le mieux, lorsqu'un matin Bernard alla trouver son père et lui tint ce langage :

— Père, je t'aime et devrais m'estimer heureux de passer ma vie près de toi. Cependant je m'ennuie et n'aspire qu'à te quitter. Que veux-tu ? J'ai dix-huit ans, et c'est une honte de tirer sa poudre aux lapereaux, quand on pourrait la brûler glorieusement pour le service de la France. L'existence que je mène m'étouffe et me tue. Toutes les nuits, je vois l'empereur, à cheval, à la tête de ses bataillons, et je me réveille en sursaut, croyant entendre le bruit du canon. L'heure est venue où mon rêve doit s'accomplir. Préférerais-tu voir ma jeunesse se consumer dans les vains plaisirs? Si tu m'aimes, tu dois vouloir être fier de ta tendresse. Ne pleure pas, souris plutôt en songeant aux joies du retour. Quelles joies, en effet! quelle ivresse! Je reviendrai colonel, je suspendrai ma croix à ton chevet, et le soir, au coin du feu, je te raconterai mes batailles.

Et le cruel partit. Ni les remontrances, ni les larmes, ni les prières ne purent le retenir. A cette époque ils étaient tous ainsi. Bientôt ses lettres arrivèrent comme de glorieux bulletins, toutes respirant l'odeur de la poudre, toutes écrites le lendemain d'un jour de combat. Engagé comme volontaire dans un régiment de cavalerie, sous-officier après la bataille d'Essling, officier un mois plus tard, après la bataille de Wagram, où l'empereur l'avait remarqué, il allait à grands pas, poussé par le démon de la gloire. Il fut un de ceux qui prouvèrent, au dire de Puisaye, qu'une année de pratique supplée avantageusement toutes les manœuvres et tous les apprentissages d'esplanade. Chacune de ses lettres était un hymne à la guerre et au héros qui en était le dieu. Au commencement de l'année 1811, son régiment se trouvant à Paris, Bernard profita d'un congé de quelques jours pour courir embrasser son vieux père. Qu'il était charmant sous son uniforme de lieutenant de hussards ! Que le dolman bleu à tresses d'argent faisait ressortir avec grâce l'élégance de sa taille, svelte et souple comme la tige d'un jeune peuplier ! Qu'il portait galamment sur l'épaule la pelisse bordée de fourrures ! Que sa brune moustache relevait fièrement sur sa lèvre fine et rosée ! Qu'il avait bon air avec son grand sabre, et quel joli bruit le parquet rendait sous ses éperons sonnants ! Stamply ne se lassait pas de le regarder avec un sentiment d'admiration naïve, lui baisait les mains, et doutait que ce fût son enfant.

Comme le soleil à son couchant, l'astre impérial brillait de son plus bel éclat, lorsqu'un frisson mortel passa sur le cœur de la France. Une armée de cinq cent mille hommes, dans laquelle la mère patrie comptait deux cent soixante et dix mille de ses fils les plus forts et les plus vaillants, venait de passer le Niémen pour aller frapper l'Angleterre au sein glacé de la Russie. Le régiment de Bernard faisait partie de la réserve de cavalerie commandée par

Murat. On reçut au château une lettre datée de Wilna, puis une autre dans laquelle Bernard racontait qu'il avait été fait chef d'escadron après l'affaire de Volontina, puis une troisième, puis rien. Les jours, les semaines, les mois s'écoulèrent : point de nouvelles! Seulement on apprit qu'une bataille, la plus terrible qui se fût donnée dans les temps modernes, avait été livrée dans les plaines de la Moscowa ; la victoire avait coûté vingt mille hommes à l'armée française. Vingt mille hommes tués, et point de lettres! L'empereur est à Moscou, mais point de lettres de Bernard. Stamply espère encore ; il se dit qu'il y a loin du château de la Seiglière au Kremlin, et qu'entre ces deux points le service des postes ne saurait, surtout en temps de guerre, se faire très-régulièrement. Mais des bruits sinistres circulent ; bientôt ces sourdes rumeurs se changent en un cri d'épouvante, et la France en deuil compte avec stupeur ce qui reste de ses légions. Que se passait-il au château? Ce qui se passait, hélas! dans tous les pauvres cœurs éperdus qui cherchaient un fils dans ces rangs éclaircis par le froid et par la mitraille. Stamply s'étant décidé à s'adresser au ministère de la guerre pour savoir à quoi s'en tenir sur la destinée de Bernard, la réponse ne se fit pas attendre : Bernard avait été tué à la bataille de la Moscowa.

La douleur ne tue pas : Stamply resta debout. Seulement il vieillit de vingt ans en moins de quelques mois, et quelque temps on le vit plongé dans une espèce de marasme approchant de l'imbécillité. On le rencontrait, par le soleil ou par la pluie, errant à travers champs, tête nue, le sourire sur les lèvres, ce sourire vague et incertain, plus triste et plus déchirant que les larmes. Lorsqu'il sortit de cet état, le bonhomme en vint peu à peu à remarquer une chose à laquelle son esprit ne s'était jamais arrêté jusqu'alors : c'est qu'il n'avait autour de lui ni amitiés ni relations d'aucune sorte, et qu'il se trouvait dans un isolement absolu ; il crut même entrevoir qu'il était, dans la contrée, un objet de mépris et de réprobation générale. Et c'était vrai depuis longues années. Tant qu'avait duré la terreur et que maître Stamply était resté modestement dans sa ferme, on ne s'était guère préoccupé, aux alentours, de sa fortune et de ses acquisitions successives ; mais quand des jours plus calmes eurent succédé à ces temps d'épouvante, et que le fermier se fut installé publiquement dans le château seigneurial, on commença d'ouvrir de grands yeux ; lorsque enfin les blasons et les titres reparurent sur l'eau, comme des débris après la tourmente, il s'éleva de toutes parts contre le malheureux châtelain un formidable concert d'injures et de calomnies. Que dit-on ! que ne dit-on pas ! Les uns : qu'il avait volé, ruiné, chassé, dépossédé ses maîtres; les autres : qu'il n'avait été que le secret agent du marquis et de la marquise, et qu'abusant de leur confiance il refusait de rendre les domaines et le château qu'il avait rachetés avec l'argent des la Seiglière. Les bonnes âmes qui, en 93, auraient été enchantées de voir trancher le cou du marquis, se prirent à chanter ses vertus et à pleurer sur son exil. Les sots et les méchants s'en donnèrent à cœur joie ; aux yeux même des honnêtes gens, la probité des Stamply fut pour le moins chose équivoque. La triste fin de la bonne fermière, les remords qu'elle avait laissés éclater sur ses derniers jours, donnaient du poids aux suppositions les plus outrageuses; le train qu'avait mené Bernard pendant son séjour chez son père avait achevé d'exaspérer l'envie. Ç'avait été, à Poitiers et aux environs, un *tolle* universel. Enfin il n'y eut pas jusqu'à la mort de ce jeune homme qui ne servît de prétexte à l'insulte : on y reconnut un effet de la colère divine, une expiation méritée, trop douce au dire de quelques-uns. Loin de plaindre Stamply, on l'accabla ; loin de s'attendrir sur son sort, on lui jeta le cadavre de son fils à la tête.

Tant que Bernard avait vécu, absorbé dans sa joie

et dans son orgueil paternel, non-seulement Stamply n'avait pas remarqué l'espèce de réprobation qui pesait sur lui, mais encore il ne s'était pas douté des propos calomnieux répandus sur son compte. C'est ainsi que les choses se passent assez communément : le monde se préoccupe, s'agite, s'inquiète et crie, tandis que le plus souvent les êtres auxquels s'adresse tout ce bruit sont dans leur coin, heureux et tranquilles, sans même soupçonner l'honneur que le monde leur fait. Mais lorsque, après la mort de son fils, qui avait été tout son univers, Stamply jeta çà et là un regard désolé, ne rencontrant ni une main amie, ni un cœur affectueux, ni un visage bienveillant, le pauvre homme finit par s'apercevoir qu'il y avait autour de lui comme un cordon sanitaire. Ses paysans et ses fermiers le haïssaient, parce qu'il était sorti de leurs rangs ; les gentillâtres ses voisins se détournaient en le voyant et ne lui rendaient pas son salut. Enfin, sur les derniers temps, les petits drôles l'insultaient et lui lançaient des pierres quand il traversait le village. — Tiens, se disaient-ils entre eux, voici ce vieux gueux de Stamply qui a fait fortune en dépouillant ses maîtres ! — Il passait, le front baissé, les yeux pleins de larmes. Son esprit, qui, sous le double fardeau du chagrin et de l'âge, avait déjà beaucoup baissé, acheva de s'affaisser sous le sentiment du mépris public ; sa conscience, qui n'avait jamais été bien paisible, recommença de se troubler. Bref, dans son château, au milieu de ses vastes domaines, il vécut seul, misérable et proscrit.

CHAPITRE II.

Tout à l'heure je vous montrais du doigt le castel de Vaubert, à moitié caché par un bouquet de chênes et regardant d'un air mélancolique la façade orgueilleuse du château qui domine les deux rives du Clain. Le castel de Vaubert n'a pas toujours eu l'humble aspect que nous lui voyons aujourd'hui. Avant que la révolution eût passé par là, c'était un vaste château avec tours et bastions, pont-levis et fossés, créneaux et plates-formes, vraie place forte qui écrasait de sa masse imposante l'architecture élégante et fleurie de son svelte et gracieux confrère. Les domaines qui se pressaient alentour et constituaient de temps immémorial la baronnie de Vaubert ne le cédaient en rien, ni pour l'étendue ni pour la richesse, aux propriétés des la Seiglière. Qui disait la Seiglière et Vaubert disait les maîtres du pays. A part quelques rivalités inévitables entre voisins de si haut bord, les deux maisons avaient toujours vécu dans une intimité à peu près parfaite, que dut resserrer, sur les derniers temps, l'appréhension du danger commun. Toutes deux émigrèrent le même jour, suivirent la même route, et choisirent le même coin de terre étrangère pour y vivre plus rapprochées dans l'infortune qu'elles ne l'avaient été dans la prospérité; réunissant ce qu'elles avaient pu réaliser de leur avoir, elles s'établirent sous le même toit, en communauté de biens, d'espérances et de regrets : plus de regrets que d'espérances, plus d'espérances que de biens. Comme le marquis, M. de Vaubert avait sa femme, et de plus un fils, encore enfant, destiné à grandir dans l'exil.

Ces patriciens qu'on a tant calomniés, quand il était si aisé d'en médire, ont montré, du moins en ces temps d'épreuve, qu'ils savaient supporter la mauvaise fortune comme s'ils n'eussent jamais connu la bonne. Chez ces âmes habituées au luxe et à la mollesse, chez ces esprits légers pour la plupart, frivoles et dissipés, il s'est trouvé, aux jours du malheur, des ressources imprévues d'énergie, de courage et de résignation facile. Ainsi, la petite colonie dont nous parlons s'installa gaiement dans sa pauvreté, et commença par y vivre avec une aimable philosophie. La maison qu'elle occupait, au bout d'un faubourg de la ville, se composait d'un corps de logis flanqué de deux pavillons : l'un s'appelait le château de Vaubert, l'autre le château de la Seiglière. Le jour, on se visitait, suivant les lois de l'étiquette ; le soir, on se retrouvait au salon commun. Chacun apportait à ces petites réunions sa politesse exquise et ses belles manières. Madame de la Seiglière et madame de Vaubert y ajoutaient le charme de leurs grâces et de leur beauté : l'une, déjà prise de ce mélancolique désintéressement propre aux êtres destinés à mourir avant l'âge ; l'autre, nature moins poétique, esprit remuant, actif, aventureux, digne de briller sur un plus vaste théâtre, au milieu des intrigues qui s'ourdissaient alors dans les salons de Vienne et de Coblentz. On se consolait par un bon mot, on se vengeait par un sarcasme ; on n'allait jamais jusqu'à la colère. Tant de philosophie reposait, il faut le dire, sur un grand fonds d'illusions et sur une complète inintelligence des faits. En général, c'était un peu là le secret de ce courage, de cette énergie, de cette facile résignation que nous nous plaisions à reconnaître tout à l'heure. On persistait à croire que le grand œuvre qui se consommait n'était qu'une parade sanglante, jouée par une bande d'assassins ; on s'attendait de mois en mois à voir la France châtiée et remise dans le droit chemin. La ruine de leurs espérances modifia singulièrement les esprits, et les amena forcément à une appréciation plus juste et plus sensée des événements accomplis. Dès que ces enfants qui avaient joué étourdiment à l'exil eurent compris que le jeu était sérieux, et que l'exil les prenait au mot, plusieurs d'entre eux songèrent sérieusement à rentrer en France : les uns pour se mêler aux menées du parti royaliste, qui commençait à s'agiter dans les sections de Paris; les autres pour essayer de recueillir, s'il était encore temps, quelques débris de leur fortune. Le baron de Vaubert fut au nombre de ces derniers. Jamais, à vrai dire, il ne s'était montré très-chaleureux à l'endroit de l'émigration ; sa femme l'y avait entraîné malgré lui : il avait gardé la conviction qu'il aurait pu, avec un peu d'adresse, conserver sa tête et ses biens. Le marquis de la Seiglière, soit fermeté, soit entêtement, ayant déclaré qu'il ne rentrerait en France qu'avec ses maîtres légitimes, M. de Vaubert partit seul, se réservant de revenir près de sa femme et de son fils, ou de les appeler près de lui, selon le résultat de ses démarches et la tournure des événements.

M. de Vaubert trouva son château mutilé, ses créneaux abattus, ses fossés comblés, ses écussons brisés, ses terres morcelées, ses propriétés vendues. C'était un esprit assez positif, revenu des idées chevaleresques, dont il ne se pardonnait point d'avoir été dupe un instant. Rentré sous un faux nom, il obtint à la longue sa radiation de la liste des émigrés, et reprit son rang aussitôt que les hautes classes de la société commencèrent à se reconstituer. Il ne s'agissait plus que de reprendre la baronnie ; c'est vers ce but qu'il tourna toutes ses facultés.

Il n'est rien que l'adversité pour développer dans le cœur de l'homme les instincts industrieux dont l'ensemble compose ce mauvais génie qu'on appelle le génie des affaires. Il est vrai d'ajouter que le moment était bien choisi. Époque de ruine et de fondation, si les vieilles fortunes croulaient comme des châteaux de cartes, les fortunes nouvelles poussaient comme des champignons le lendemain d'une pluie d'orage. Il y avait place pour toutes les ambitions : les parvenus encombraient le sol ; les particuliers s'enrichissaient d'un jour à l'autre au jeu des spéculations hasardeuses, et, au milieu de la prospérité individuelle, il n'y avait, à proprement parler, que l'État qui se trouvât dans le dénûment. M. de Vaubert se jeta dans les affaires avec l'audace aventureuse des gens qui n'ont plus rien à perdre ; sans se laisser décourager par la difficulté de l'entreprise, il se proposa vaillamment de reconquérir et de réédifier l'héritage qu'il avait reçu de ses pères, et qu'il avait à cœur de transmettre à son fils. Toutefois, des années s'écoulèrent avant que le succès couronnât ses efforts, et ce ne fut guère qu'en 1810 qu'il put racheter ce qui restait de son manoir, en y joignant quelques terres environnantes. Il en était là de sa tâche, qu'il espérait mener à bonne fin, quand la mort le surprit, comme il venait d'écrire pour rappeler près de lui sa femme et son fils, qu'il n'avait pas revus depuis près de quinze ans.

Pendant ce temps, que s'était-il passé dans l'exil ? Le marquis avait vieilli ; madame de Vaubert n'était plus jeune ; son fils Raoul avait dix-huit ans ; il y en avait dix que madame de la Seiglière était morte en donnant le jour à une fille qui s'appelait Hélène et promettait d'être belle comme l'avait été sa mère. La lettre de M. de Vaubert décida la baronne à partir sur-le-champ. La séparation fut douloureuse. Malgré la différence de leurs âges, les deux enfants s'aimaient tendrement. Madame de Vaubert et le marquis de la Seiglière étaient liés par l'habitude et par le malheur. D'aucuns ont prétendu méchamment qu'ils s'étaient consolés mutuellement dans leur veuvage ; ces sots propos ne nous importent guère. Le fait est que, près de se quitter, ils se sentirent émus et troublés. C'étaient de vieux amis. La baronne insista pour emmener le marquis et sa fille, leur offrant de venir continuer à Vaubert la vie qu'ils avaient menée sur la terre étrangère, et laissant percer l'espoir d'unir un jour Hélène et Raoul. Le marquis ne dissimula pas qu'une pareille union comblerait ses vœux les plus chers ; plus d'une fois il en avait lui-même caressé secrètement le rêve. Il prit acte de la proposition de la baronne, et dès cet instant les deux enfants se trouvèrent fiancés l'un à l'autre. Quant à l'offre de retourner en France, et d'aller s'établir à Vaubert, M. de la Seiglière, quoiqu'il lui coûtât de se séparer de ses compagnons d'infortune, fit entendre assez clairement qu'il la regardait comme inacceptable. Ses idées, en vingt ans, n'avaient pas fait un pas. Il ne pardonnait pas à M. de Vaubert d'avoir compromis son nom dans les fournitures des armées, et n'était pas homme à partager les bénéfices d'une fortune rachetée à ce prix. Enfin, pour rien au monde il n'aurait consenti à voir de si près le vieux trône de France occupé par un usurpateur, et les domaines de la Seiglière possédés par un de ses fermiers. A ses yeux, Bonaparte et Stamply n'étaient que deux spoliateurs qu'il mettait sur la même ligne ; il appelait l'un le Stamply des Bourbons, l'autre le Napoléon des la Seiglière. Il était curieux et plaisant à entendre sur ce sujet ; aimable esprit d'ailleurs, qu'on ne pouvait s'empêcher d'aimer. Bref, plein de confiance dans un avenir qui réintégrerait la monarchie et ses serviteurs dans leurs biens, droits et privilèges, il s'obstina à ne vouloir remettre les pieds en France que lorsqu'on en aurait chassé les Stamply de toute sorte, les uns à coups de canne, et les autres à coups de canon.

Le retour de madame de Vaubert fut tout un poëme de déceptions poignantes et d'amers désenchantements. D'après la lettre de son mari, qui n'abordait aucun détail, et qui, jusqu'alors, avait toujours exagéré le succès de ses entreprises, la baronne s'était imaginé qu'elle allait retrouver son château tel à peu près qu'elle l'avait laissé, avec toutes ses dépendances. A Poitiers, elle ne fut pas médiocrement surprise de ne point voir, avec une voiture à ses armes, M. de Vaubert, qu'elle avait eu soin de prévenir du jour de son arrivée. Il y avait une bonne raison pour que M. de Vaubert manquât au rendez-vous ; mais la baronne ne la soupçonnait pas. Comme elle avait hâte de marcher sur ses terres, elle prit le bras de son fils ; et tous deux, ayant gagné les rives du Clain, suivirent le sentier qui devait les conduire à Vaubert. Il faudrait avoir vieilli dans l'exil pour comprendre quelles émotions durent s'emparer du cœur de cette femme lorsqu'elle aspira et qu'elle reconnut au parfum l'air de ces campagnes au milieu desquelles s'étaient écoulées les belles an-

nées de sa jeunesse. Son sein se gonfla et ses yeux se remplirent de larmes. Disons-le à sa louange, ce n'était pas seulement le sentiment de la propriété retrouvée qui la troublait ainsi. Ces émotions, elle les avait ressenties en touchant le sol de la France ; seulement, à cette heure, il s'y mêlait naturellement une plus douce ivresse; car, s'il est juste de flétrir l'égoïsme des petites âmes qui bornent la patrie aux limites de leurs domaines, il est juste aussi de reconnaître que le champ paternel et le toit héréditaire sont dans la patrie commune comme une seconde patrie. Raoul, qui n'avait aucun souvenir de ces lieux, ne partageait pas l'attendrissement de sa mère ; mais il sentait son jeune cœur tressaillir d'orgueil et de joie en songeant que ce château, ces bois, ces fermes, ces prairies qu'il avait tant de fois entrevus dans ses rêves comme de fabuleux rivages, il les tenait là sous sa main, et qu'il touchait enfin à cette seigneuriale opulence dont on l'avait entretenu souvent, après laquelle il avait soupiré toujours. A mesure qu'ils avançaient, madame de Vaubert lui montrait l'océan de verdure qui se déroulait devant eux, et disait avec complaisance :
—Tout ceci, mon fils, est à vous.—Elle jouissait des transports de ce jeune homme, et se faisait surtout une fête de l'introduire dans le gothique manoir des aïeux, vraie forteresse au dehors, au dedans vrai pa-

lais où respirait le luxe de dix générations. Cependant elle s'étonnait de ne voir venir à sa rencontre ni M. de Vaubert ni quelque députation de fermiers et de jeunes paysannes accourus pour fêter son retour, et lui offrir des fleurs et des hommages. Raoul lui-même, qui, pour avoir grandi au sein des privations, n'avait pas moins été élevé selon les idées de sa race, que lui avaient inféodées de bonne heure les entretiens de sa mère et du marquis de la Seiglière, Raoul s'émerveillait tristement du peu d'empressement qui l'accueillait sur son passage. Mais, grand Dieu! quelle ne fut pas la stupeur de la baronne lorsque, au détour du sentier, elle découvrit ce qui restait de sa garenne et de son château, et que Raoul, voyant sa mère en douloureuse et muette observation, lui demanda quelle était cette masure qu'elle contemplait de la sorte! Elle refusa d'abord d'en croire ses yeux ; comme le soleil venait de se coucher, elle pensa sérieusement que c'était un effet de crépuscule, et qu'elle était le jouet d'un mirage de nouvelle espèce. Toutefois, elle acheva le trajet d'un pas moins ferme et d'un cœur moins joyeux. Hélas! il n'était que trop vrai, la garenne avait disparu, il n'en restait qu'un bouquet de chênes. Le château n'était plus qu'un corps mutilé qui cachait ses blessures sous un linceul de lierre. Les fossés étaient transformés en jardins potagers; la chapelle n'existait plus; les tourelles s'étaient éboulées; la façade tombait en ruine. Et pas un serviteur sur le seuil de la porte! pas un coup de fusil! pas un bouquet! pas une harangue! pas d'autres cris que ceux des hirondelles qui volaient dans l'air bleu du soir! partout, aux alentours, la solitude et le silence des tombeaux. Madame de Vaubert continuait d'avancer, et son fils répétait en la suivant d'un air surpris : — Où donc allons-nous? où me conduisez-vous, ma mère?—La baronne marchait en silence. Lorsqu'elle pénétra dans ce nid dévasté, elle sentit ses jambes défaillir et son cœur qui se mourait dans sa poitrine. L'intérieur était plus sombre encore et plus dévasté que ne le promettait le dehors. Les parquets étaient pourris, les lambris enlevés, enlevées aussi les tentures de damas et de cuir de Hollande; enlevés les tableaux, enlevés les meubles gothiques et les meubles de la renaissance; salles vides, appartements déserts, murs nus et délabrés : seulement, çà et là, aux plafonds, quelques vestiges de dorure; aux fenêtres, quelques lambeaux de soie oubliés, décolorés par l'humidité et rongés par les rats. — Où sommes-nous, ici, ma mère? demandait Raoul en promenant autour de lui un regard étonné. Madame de Vaubert allait de chambre en chambre et ne répondait pas.

Enfin, après avoir cherché vainement une âme à travers ces débris, elle trouva dans la cuisine un vieux serviteur profondément endormi sous le manteau de la cheminée. Elle le secoua violemment par le bras, en s'écriant à plusieurs reprises d'une voix impérieuse et brève : Où est M. de Vaubert ? — M. de Vaubert, madame ? répondit le vieillard en se frottant les yeux, il est au cimetière. — Vous êtes fou, bonhomme, répliqua vivement la baronne, qui n'avait plus la tête à elle. Que voulez-vous que M. de Vaubert soit allé faire au cimetière ? — Madame, répondit le vieux serviteur, il y fait ce que je faisais tout à l'heure, il y dort d'un profond sommeil.—Mort! s'écria la baronne. — Et enterré depuis un mois, ajouta tranquillement le vieillard. — Au cri qu'elle jeta, le bonhomme regarda attentivement et reconnut madame de Vaubert : il avait été autrefois un des serviteurs de la maison ; il en était le seul à présent. L'âge et les infirmités l'avaient rendu à peu près imbécile. Il raconta comment M. le baron, au moment où il venait de racheter son château et deux petites fermes qui composaient toutes ses propriétés foncières, était mort sans avoir eu le temps de faire exécuter les réparations et embellissements qui devaient mettre le manoir en état de recevoir convenablement madame la baronne et son fils. Madame de Vaubert était atterrée ; Raoul ne revenait pas de ce qu'il voyait et de ce qu'il entendait. Brisé par la fatigue du voyage et par les émotions du retour, le jeune baron s'endormit sur une chaise de paille, et sa mère passa la nuit dans le seul lit un peu propre qui se trouvât dans le logis.

Le lendemain, en sortant de sa chambre, madame de Vaubert rencontra Raoul qui se promenait mélancoliquement dans le château de ses ancêtres. Ils se regardèrent l'un l'autre sans échanger une parole. Cependant la baronne cherchait encore à s'abuser sur sa position ; mais lorsqu'on eut levé les scellés et liquidé la succession, soit que de son vivant M. de Vaubert dissipât d'un côté ce qu'il gagnait de l'autre, soit qu'il s'abusât lui-même sur le résultat de ses opérations, sa femme et son fils furent obligés de reconnaître qu'en réalité leur héritage se bornait au château tel que nous le voyons aujourd'hui, à deux petites fermes d'un médiocre rapport, et à une somme de cinquante mille francs que le baron avait déposée chez son notaire, quelques jours avant sa mort. C'était là le plus clair et le plus net de leur avoir. Ils organisèrent leur vie modestement, et le train qu'ils menèrent dans leur châtellenie ne différa guère de celui qu'ils avaient mené dans

Madame de Vaubert était réservée à d'autres déceptions non moins cruelles. A mesure qu'elle vécut sur ce sol que le soc révolutionnaire avait remué de fond en comble et divisé à l'infini, à mesure qu'elle observa ce qui se passait dans cette France, grande alors, prospère et comblée de gloire, à mesure qu'elle étudia la constitution territoriale du pays, et qu'elle vit la propriété nouvelle déjà consacrée par de longues années de jouissance, paisible, inattaquable, appuyée sur le droit commun, elle sentit tout le vide et tout le néant des illusions du parti de l'émigration ; elle comprit qu'en mettant les choses au mieux, le retour des Bourbons dans leur royaume ne réintégrerait pas nécessairement le marquis de la Seiglière dans ses domaines ; elle jugea que Napoléon, au faîte de la puissance, était encore moins solidement assis sur son trône que la fortune de maître Stamply sur le plateau de sa colline, et qu'on pourrait chasser l'un à coups de canon, sans qu'il fût permis pour cela de chasser l'autre à coups de canne. Ces réflexions refroidirent peu à peu madame de Vaubert à l'endroit du mariage projeté entre son fils et mademoiselle de la Seiglière. Près de quitter le marquis et sa fille, elle s'était laissée entraîner par l'attendrissement des adieux ; à distance, la froide raison ressaisit son empire. Raoul était beau, élégant, bien tourné, pauvre, mais de race noble s'il en fut, car les Vaubert remontaient au premier baron chrétien. Dans une époque de fusion et de ralliement, où, pour complaire au chef de l'État, les parvenus de la veille cherchaient à blasonner leurs sacs et à décrasser leurs écus au frottement des vieux parchemins, Raoul pouvait évidemment prétendre à un riche mariage qui lui permettrait de relever la fortune de sa famille. Ces idées se développèrent insensiblement, et prirent, de jour en jour, dans l'esprit de la baronne, une forme plus nette et plus arrêtée. Elle aimait tendrement son fils; elle souffrait dans son amour tout autant que dans son orgueil de voir la destinée de ce beau jeune homme se consumer et se flétrir dans l'ennui de la pauvreté. Jeune encore elle-même, mais pourtant à cet âge, avide de bien-être et de sécurité, où les calculs de l'égoïsme ont déjà remplacé les élans généreux de l'âme, on devine sans peine tout ce qui couvait d'ambitions personnelles sous la sollicitude, très-sincère d'ailleurs, de la mère pour son enfant.

Madame de Vaubert, qui s'était d'abord tenue à l'écart, ne se mêlant qu'à cette fraction de la noblesse qui s'obstinait à bouder dans son coin, songeait donc sérieusement à se rallier à la fortune de l'empire et à chercher pour son fils quelque mésalliance lucrative, quand soudain on apprit que l'aigle impériale, frappée d'un coup mortel aux champs de la Russie, ne tenait plus les foudres de la guerre que d'une serre à demi brisée. La baronne jugea prudent d'attendre et de voir, avant de prendre aucun parti, de quel côté s'abattrait l'orage qu'on entendait gronder à tous les points de l'horizon. Ce fut à cette époque, on doit s'en souvenir, que Stamply reçut la nouvelle de la mort de son fils. Le bruit en parvint à madame de Vaubert, qui décida charitablement que c'était une justice du ciel, et ne s'en préoccupa point davantage. Elle haïssait ce Stamply pour son propre compte et pour le compte du marquis. Elle ne parlait de lui qu'avec mépris. Les récits exagérés qu'elle faisait de la position de M. de la Seiglière et de sa fille n'avaient pas peu contribué à déchaîner sur la tête du pauvre diable toutes les colères et toutes les malédictions du pays. Les choses en étaient là, lorsqu'un soir tout sembla devoir prendre bientôt une face nouvelle.

Assise auprès d'une croisée ouverte, madame de Vaubert paraissait plongée dans une méditation profonde. Ce n'étaient ni les harmonies ni les images d'un beau soir d'été qui la tenaient ainsi rêveuse et recueillie. Elle regardait avec un sentiment de tristesse et d'envie le château de la Seiglière, dont les derniers rayons du soleil embrasaient les fenêtres, et qui resplendissait dans toute sa gloire, avec ses festons et ses arabesques, ses clochetons et ses campaniles, tandis que les ombrages touffus du parc ondulaient à ses pieds au souffle caressant des brises. Elle voyait en même temps les riches fermes groupées à l'entour. Dans l'amertume de son cœur, elle songeait que ce château, ce parc et ces terres étaient la propriété d'un rustre et d'un manant. Raoul la surprit au milieu de ces réflexions. Il prit place auprès de sa mère et demeura silencieux, comme elle, à regarder d'un air affaissé l'étendue de paysage qu'encadrait la croisée ouverte. Ce jeune homme était miné depuis longtemps par une sombre mélancolie. N'ayant point goût à l'étude, qui seule aurait pu charmer sa pauvreté, il consumait son énergie en regrets stériles, en désirs impuissants. Ce soir-là, dans une promenade solitaire à travers champs, il avait rencontré une troupe joyeuse de jeunes cavaliers qui s'en retournaient à la ville, en grand équipage de chasse, au bruit des fanfares, escortés de leurs meutes et de leurs piqueurs. Il n'avait, lui, ni piqueurs, ni meutes, ni pur sang limousin sur lequel il pût promener ses ennuis : il était rentré au logis plus découragé et plus sombre que d'habitude. Il s'accouda sur le dos de sa chaise, appuya son front sur sa main, et madame de Vaubert vit couler deux larmes sur les joues amaigries de son fils.

— Mon fils ! mon enfant ! mon Raoul ! dit-elle en l'attirant sur son sein.

— Ah ! ma mère ! s'écria le jeune homme avec amertume, pourquoi m'avoir trompé ? pourquoi m'avoir bercé d'un fol et vain espoir ? pourquoi m'avoir nourri, dès l'âge le plus tendre, de rêves insensés ? pourquoi m'avoir fait entrevoir, du sein de la pauvreté, les rives enchantées où je devais n'aborder jamais ? Que ne m'avez-vous élevé dans l'amour de la médiocrité ? que ne vous êtes-vous étudiée à borner mes désirs et mes ambitions ? que ne m'avez-vous enseigné de bonne heure l'humilité et la résignation qui convenaient à notre destinée ? Cela vous eût été bien facile !

A ces reproches mérités, madame de Vaubert ne répondait qu'en baissant la tête, quand des cris du dehors attirèrent son attention. Elle se leva, s'approcha du balcon, et reconnut, au bout du pont jeté sur le Clain, Stamply qu'une bande de petits drôles poursuivaient à coups de mottes de gazon. Le vieux proscrit, sans chercher à repousser les hostilités, s'enfuyait aussi vite que le permettaient son âge et ses souliers ferrés. Madame de Vaubert le suivit longtemps des yeux, puis retomba dans sa rêverie. Elle en sortit souriante et radieuse. Que s'était-il passé ? qu'était-il advenu ? Moins que rien, une idée. Mais une idée suffit à changer la face du monde.

CHAPITRE III

A **quelques jours de là, madame de Vaubert** prit le bras de son fils et, sous prétexte d'une promenade aux environs, gagna la rive droite du Clain. C'était la première fois, depuis son retour, qu'elle se décidait à toucher cette rive. En passant devant la grille du parc, elle s'arrêta quelques instants ; comme si elle cédait à l'entraînement des souvenirs, elle ouvrit la porte et entra.

— Que faites-vous, ma mère ? s'écria Raoul, qui s'était vainement efforcé de la retenir sur le seuil ; ne craignez-vous pas d'outrager le marquis et sa fille en mettant le pied sur ces terres ? N'est-ce point faillir du même coup au culte de l'amitié et à la religion du malheur ? Enfin, avec les sentiments de haine et de mépris que nous professons l'un et l'autre contre le maître de ces lieux, vous semble-t-il que ce soit ici notre place ?

— Venez, venez, mon fils ; ce n'est point outrager le marquis que de chercher sous ces ombrages les souvenirs qu'il y a laissés. Où vous voyez une insulte au malheur, M. de la Seiglière ne verrait lui-même qu'un pèlerinage pieux. Venez, répéta-t-elle en s'appuyant doucement sur le bras de Raoul; nous n'avons pas à redouter de fâcheuses rencontres : c'est l'heure où je vois, chaque jour, passer M. Stamply allant visiter ses domaines. D'ailleurs, je dois vous avouer mon fils, que je suis un peu revenue de mes préventions, et que cet homme ne me paraît mériter, à bien prendre, ni la haine ni le mépris dont le pays se plaît à l'accabler. Je dirai même qu'il y a dans cette destinée proscrite et malheureuse au sein de la prospérité quelque chose de touchant, et qui malgré moi m'intéresse.

— Quoi ! ma mère, s'écria le jeune homme ; un fermier qui a dépossédé ses seigneurs ! un serviteur qui s'est enrichi de la dépouille de ses maîtres ! un misérable...

— Misérable, en effet, vous avez dit le mot, Raoul, répliqua madame de Vaubert en l'interrompant; si misérable, que je me repens à cette heure d'avoir mêlé ma voix à celles qui l'accusent. Le ciel a traité cet infortuné avec assez de rigueur pour qu'il nous soit permis de lui montrer un peu d'indulgences. Mais, mon fils, laissons là cet homme, ce n'est pas de lui qu'il s'agit. Tenez, ajouta-t-elle en l'entraînant dans une allée qui longeait le bord de l'eau, je retrouve à chaque pas quelque image de mes belles années ; je crois respirer l'âme de madame de la Seiglière dans tous ces parfums.

Ainsi causant, ils marchaient à pas lents, lorsqu'au détour de l'allée ils se trouvèrent presque face à face avec Stamply, qui, de son côté, se promenait solitairement dans son parc. Raoul fit un mouvement pour s'éloigner ; mais la baronne le retint, et s'avança vers le bonhomme, qui, ne sachant à quoi attribuer l'honneur d'une pareille rencontre, se confondait en salutations.

— Pardonnez, monsieur, lui dit-elle avec grâce, la liberté que j'ai prise de m'introduire ainsi dans votre propriété. Ces beaux ombrages me rappellent de si doux souvenirs, que je n'ai pu résister plus longtemps au désir de les visiter.

— Soyez remerciée plutôt que pardonnée, madame, répondit le vieux Stamply, qui tout d'abord avait reconnu madame de Vaubert. C'est le plus grand honneur, c'est le seul, ajouta-t-il avec tristesse, qu'aient reçu ces lieux depuis que je les habite.

Puis, comme s'il eût compris que ce n'était pas à lui que l'honneur s'adressait, soit discrétion, soit humilité, le vieillard fit mine de vouloir se retirer, après avoir invité ses hôtes à poursuivre leur promenade ; mais madame de Vaubert, l'interpellant avec bonté :

— Pourquoi, monsieur, nous quitter sitôt ? C'est vouloir nous donner à penser que notre visite est indiscrète et que nous troublons votre solitude. S'il en est autrement, restez ; vous n'êtes pas de trop entre nous.

Confus de tant de prévenances, Stamply ne savait comment témoigner sa gratitude, et ne réussissait qu'à exprimer sa stupéfaction. C'était la première fois non-seulement qu'il voyait chez lui des hôtes de cette importance, mais encore qu'il s'entendait adresser quelques paroles polies et bienveillantes. Et c'était madame de Vaubert, la baronne de Vaubert, la plus grande dame de la contrée, l'amie des la Seiglière, qui daignait le traiter ainsi, lui, Stamply, le vieux gueux, comme il savait trop bien qu'on l'appelait dans le pays ! Que devint-il lorsqu'il sentit à son bras le bras de madame la baronne, et que celle-ci lui dit avec un doux sourire et d'un ton presque familier : — Allons, monsieur Stamply, soyez mon cavalier et mon guide ! Les pauvres âmes réprouvées, mises par la calomnie au ban de l'opinion, connaissent seules tout le prix d'un témoignage inespéré de sympathie et de bienveillance : quelque léger qu'il soit, elles s'en saisissent avec transport et s'y appuient avec un sentiment d'indicible reconnaissance ; c'est le brin d'herbe que la colombe jette à la fourmi qui se noie. En sentant à son bras le bras de la baronne de Vaubert, Stamply fut pris d'une joie à peu près pareille à celle qu'éprouva le lépreux de la cité d'Aoste lorsqu'il sentit sa main serrée par une main amie ; la fête aurait été complète, si le bonhomme eût été moins embarrassé de son costume et de son maintien. Il est très-vrai que sa personne contrastait étrangement avec celle de madame de Vaubert, qui, dans sa ruine, humiliait l'opulence de son voisin par l'élégance de sa tenue et la grâce de ses manières.

— Si j'avais pu penser qu'un si grand honneur me fût réservé, j'aurais fait, ce matin, un peu de toilette, dit-il en regardant tristement ses gros souliers à boucles de cuivre rougi, ses bas de laine bleue, son gilet de futaine et sa culotte de velours de coton, élimée jusqu'à la corde.

— Comment donc ! s'écria la baronne ; mais vous êtes très-bien ainsi. D'ailleurs, monsieur, vous êtes chez vous.

Ces mots — vous êtes chez vous — allèrent au cœur de Stamply, et achevèrent de le remplir d'une douce satisfaction. Vous êtes chez vous ! ces mots si simples qu'il osait à peine, depuis longtemps, s'adresser à lui-même, tant la conscience qu'il avait du mépris public l'avait cruellement ébranlé dans le sentiment de sa propre estime ; ces mots, prononcés par madame de Vaubert, n'étaient-ils pas un démenti formel aux commentaires injurieux des méchants ? N'étaient-ils pas, en effet, pour cet homme comme une réhabilitation éclatante, comme une solennelle consécration de ses droits et de sa fortune ? Cependant le jeune de Vaubert, dont la surprise était pour le moins égale à celle de Stamply, se tenait auprès de sa mère, froid, silencieux, hautain, ne sachant que conclure ni qu'imaginer de la scène, pour le moins étrange, qui se passait sous ses yeux.

Tout en marchant, tout en causant, ils arrivèrent, par d'insensibles détours, devant la façade du château. Il faisait une journée brûlante ; le ciel était chargé de nuages. Il y avait près d'une heure que madame de Vaubert marchait sous des ombrages embrasés que ne rafraîchissait aucune brise. Elle s'assit sur une des marches du perron, et passa son mouchoir sur son front et sur son visage, tandis que Stamply se tenait devant elle, immobile et roulant entre ses doigts les larges bords de son chapeau de feutre, qu'il n'avait pas cessé de tenir à la main durant toute la promenade.

— Madame la baronne mettrait le comble à ses

bontés, dit-il enfin d'un air suppliant, en daignant venir se reposer un instant chez moi. Je serais d'autant plus touché d'une faveur si grande, que je m'en reconnais moins digne.

— Ma mère, dit aussitôt Raoul, qui avait hâte d'en finir avec cette comédie dont il n'entrevoyait ni le but ni le sens, ma mère, un gros orage se prépare ; il nous reste à peine le temps, avant que la nuée crève, de regagner notre demeure.

— Eh bien, mon fils, laissons passer l'orage, répondit madame de Vaubert en se levant ; puisque notre aimable voisin nous offre une hospitalité si cordiale, allons attendre sous son toit que le ciel nous permette de regagner le nôtre.

A ces mots, la figure de Stamply rayonna, sa bouche s'épanouit en un sourire de béatitude. Quel triomphe, en effet, pour lui, de recevoir madame de Vaubert et de montrer ainsi à ses gens, qui ne manqueraient pas d'en instruire tout le pays, qu'il était moins déconsidéré que les méchants ne se plaisaient à le dire et les sots à le croire ! Leicester recevant la reine Élisabeth dans le château de Kenilworth ne fut ni plus heureux ni plus fier qu'en cet instant maître Stamply lorsqu'il vit la baronne monter les degrés du perron et franchir le pas de sa porte. Raoul suivit sa mère avec un mouvement d'humeur que celle-ci feignit de ne pas remarquer, et que ne remarqua pas Stamply, tout absorbé qu'il était dans sa joie et dans son bonheur. Lorsque, après avoir introduit ses hôtes dans le salon, le bonhomme se fut esquivé pour veiller lui-même aux soins de l'hospitalité, Raoul, demeuré seul avec sa mère, allait enfin lui demander l'explication d'une énigme dont il s'épuisait vainement à chercher le mot depuis une heure; mais il en fut empêché par un autre sentiment de curiosité qui lui ferma la bouche et lui fit ouvrir de grands yeux.

Quoiqu'on n'eût rien changé à la disposition des appartements, l'intérieur du château de la Seiglière ne répondait plus à la magnificence du dehors. Tout s'y ressentait de l'incurie et des habitudes moins qu'aristocratiques, bourgeoises tout au plus, du nouveau propriétaire. Ajoutez que les vingt années qui venaient de s'écouler n'avaient pas rajeuni la fraîcheur des tentures. Ces lampas fanés, ces dorures noircies, ce luxe sans jeunesse, ces vestiges d'une splendeur où la vie ne se révélait plus, composaient l'intérieur le moins réjouissant qui se puisse imaginer. C'était beau et triste comme ces vastes salles du palais de Versailles, qu'on admire en les traversant, mais où l'on sent qu'on mourrait d'ennui si l'on était obligé de les habiter. Il n'y avait que le salon où venaient d'être introduits madame de Vaubert et son fils qui eût conservé, par une faveur toute spéciale, la fraîcheur et l'éclat, la jeunesse et la vie. On eût dit que madame de la Seiglière l'animait encore de sa grâce et de sa beauté. Bernard, de son vivant, s'était plu à l'orner et à l'embellir de tous les trésors que le marquis n'avait pu emporter avec lui dans l'exil; Stamply, après le départ et même après la mort de son fils, avait voulu, par religion pour sa mémoire, que cette pièce fût entretenue avec autant de soin que par le passé, comme si Bernard devait y rentrer d'un instant à l'autre. Aussi tout y respirait la splendeur des hôtes d'autrefois. Ce n'étaient que damas de Gênes, tapisseries en point de Beauvais, meubles de Boule chargés d'objets d'art, cristaux étincelants, groupes en biscuit, porcelaines de Saxe et de Sèvres, filets d'or courant au plafond, bergeries de Watteau au-dessus des portes; il y avait là de quoi fournir vingt pages de description à quelques-uns de ces esprits charmants qui ont créé la poésie de l'inventaire et se montrent moins préoccupés du mobilier de l'âme que de l'ameublement des maisons. Après avoir tout observé avec une attention jalouse, après avoir reconnu et touché du doigt tout ce qu'il n'avait vu jusqu'alors que dans ses rêves décevants, Raoul s'approcha de la fenêtre.

et se prit à regarder d'un air sombre le castel ruiné de Vaubert, qui ne lui avait jamais paru si pauvre ni si désolé qu'à cette heure. Pendant ce temps, la baronne contemplait son fils avec complaisance, souriante et sereine comme si elle tenait en son pouvoir la baguette magique qui devait relever les tours de son château et rendre à Raoul la fortune de ses ancêtres.

Stamply ne tarda pas à revenir, suivi de deux garçons de ferme qui portaient d'un air ébahi des plateaux chargés de sirops, de crème, de fraises et de vins d'Espagne. La foule des serviteurs, qui se composait d'une cuisinière, d'un jardinier et d'une gardeuse de dindons, se pressait dans l'antichambre et cherchait à voir, par la porte entr'ouverte, madame la baronne et son fils. Depuis l'avénement de Stamply, c'était la première fois que le château se trouvait à pareille fête.

— Voilà qui est du dernier goût, dit madame de Vaubert avec son plus aimable sourire ; vous nous faites, monsieur, une réception royale.

Stamply s'inclina, se troubla, balbutia ; puis, apercevant les deux garçons de ferme, qui, après avoir déposé les plateaux sur le marbre d'une console, s'étaient assis chacun dans un fauteuil et s'y prélassaient sans façon, il les prit par les épaules et les poussa tous deux hors du salon.

— Savez-vous, monsieur, dit la baronne, qui n'avait pu s'empêcher de rire à cette petite scène, savez-vous que vous mériteriez d'être nommé conservateur général des châteaux de France ? Celui-ci n'a rien perdu de son ancienne splendeur ; je crois même que vous y avez ajouté un nouvel éclat. D'autre part, on prétend que les domaines de la Seiglière ont doublé de valeur sous votre administration. Vous êtes, à ce compte, le plus riche propriétaire du pays.

— Hélas ! madame la baronne, répondit tristement le vieillard, Dieu et les hommes me l'ont fait payer bien cher, cette propriété qu'on m'envie ! Dieu m'a pris ma femme et mon enfant ; les hommes m'ont chargé d'outrages. Le vieux Job était moins malheureux sur son fumier que je ne le suis au sein de la richesse. Vous avez un fils, madame ; consultez votre joie, et vous comprendrez ma douleur.

— Je la comprends, monsieur ; votre fils, dit-on, était un héros.

— Ah ! madame, il était ma vie ! s'écria le vieillard étouffant ses pleurs et ses sanglots.

— Les desseins de Dieu sont impénétrables, dit madame de Vaubert avec mélancolie ; quant au jugement des hommes, je crois, monsieur, que vous

5.

auriez tort de vous en préoccuper. On vous a chargé d'outrages, dites-vous? Je l'ignorais; vous me l'avez appris. Qu'importe l'opinion des sots? vous avez l'estime des honnêtes gens.

A ces mots, Stamply secoua la tête d'un air chagrin, en signe de dénégation.

— Vous vous calomniez, monsieur, reprit vivement madame de Vaubert. Pensez-vous, par exemple, que je serais ici si je ne vous estimais pas? Je suis, ce me semble, assez intéressée dans la question pour ne pas être suspecte de partialité en votre faveur. Amie des la Seiglière, j'ai, quinze ans durant, partagé leur exil; comme eux, j'ai vu mes biens séquestrés et vendus par la république. La république nous a dépouillés; elle a disposé de ce qui ne lui appartenait pas : que ce lui soit une honte éternelle! Mais vous, acquéreur de bonne foi, qui avez acheté à beaux deniers comptants, qui vous blâme? qui vous accuse? L'adversité a pu nous aigrir; elle n'a point étouffé dans nos cœurs le sentiment de la justice. Ce n'est pas à vous qu'appartient notre haine. Que de fois n'ai-je pas entendu le marquis et madame de la Seiglière se féliciter de ce que leurs domaines étaient échus du moins au plus probe de leurs fermiers !

— Serait-il vrai, madame? s'écria Stamply avec

un mouvement de joie et de surprise ; madame la marquise et monsieur le marquis parleraient de moi sans colère ? J'aurais pensé que je n'étais pour eux qu'un objet de mépris et d'exécration.

— Pourquoi donc cela, monsieur ? répliqua la baronne en souriant. Je me souviens que, quelques jours avant sa mort, la pauvre marquise me disait encore...

— Madame la marquise est morte ! s'écria Stamply avec un étonnement douloureux.

— En donnant la vie à une fille, belle aujourd'hui comme le fut sa mère. Je vous disais donc, monsieur, reprit madame de Vaubert, que, quelques jours avant sa mort, la marquise me parlait de vous, de madame Stamply, qu'elle appréciait et qu'elle aimait. Elle en parlait avec cette bonté touchante que vous n'aurez point oubliée. Le marquis vint se mêler à l'entretien, et se plut à citer plusieurs traits de dévouement et de fidélité qui honorent votre famille. « Ce sont de nobles cœurs, ajouta madame de la Seiglière ; dans notre malheur, ce m'est presque une consolation de penser que nos dépouilles sont tombées entre des mains si pures et si honnêtes. »

— Ma mère, dit Raoul, qui, resté debout dans l'embrasure de la fenêtre, souffrait visiblement d'entendre parler ainsi madame de Vaubert, un coup de vent vient d'emporter l'orage ; le ciel s'est éclairci ; nous pourrions sans danger regagner notre gîte

La baronne se leva, et, se tournant vers Stamply :

— Je vous remercie, monsieur, lui dit-elle, de votre bonne hospitalité, et me félicite du hasard qui m'a procuré l'avantage de vous connaître. Je fais des vœux sincères pour que nos relations ne se bornent pas à cette première entrevue. Il dépend de vous que ces vœux soient exaucés. N'oubliez pas, rappelez-vous souvent que vous avez sur l'autre rive des voisins qui s'estimeront toujours heureux de vous recevoir.

A ces mots, prononcés avec une grâce qui en relevait l'expression à un point que nous ne saurions dire, madame de Vaubert se retira, appuyée sur le bras de son fils et reconduite par Stamply, qui ne quitta ses hôtes qu'à la grille du parc, après s'être incliné jusqu'à terre.

— Enfin, ma mère, s'écria le jeune homme, m'allez-vous donner l'explication de ce que je viens de voir et d'entendre ? Hier encore, vous méprisiez, vous haïssiez cet homme ; jusqu'à ce jour, vous n'aviez parlé de lui qu'en termes flétrissants : quelle révolution étrange s'est opérée tout à coup dans vos idées et dans vos sentiments ?

— Mon Dieu ! rien n'est plus simple, et je croyais déjà vous l'avoir dit, mon fils, répliqua la baronne sans s'émouvoir. Au rebours de ce citoyen d'Athènes qui condamna Aristide à l'ostracisme parce qu'il était las de l'entendre appeler juste, à force d'entendre dire du mal de M. Stamply, j'ai fini par en penser du bien. Si des préventions légitimes, si ma vieille amitié pour les la Seiglière, si l'ignorance des faits dans laquelle j'ai vécu durant près de vingt ans ont pu m'entraîner à des propos inconsidérés, depuis longtemps j'en avais des regrets ; j'en ai des remords à cette heure.

— Permis à vous, ma mère, repartit Raoul, d'en appeler de vos jugements et de casser les arrêts que vous avez rendus vous-même ; mais vous n'aviez pas mission des la Seiglière pour absoudre en leur nom le détenteur de leurs domaines. Pensez-vous que le marquis vous pardonnât de l'avoir pris, en cette occasion, pour complice de votre indulgence ?

— Eh ! mon fils, s'écria la baronne avec un mouvement d'impatience, fallait-il porter le dernier coup à ce cœur déjà si cruellement blessé ? Ne devais-je entrer sous le toit hospitalier que pour m'y faire l'écho des malédictions de l'exil ? Suis-je coupable, suis-je criminelle pour avoir essayé de verser quelques gouttes de baume sur les plaies de cet infortuné ? Ah ! jeunesse, vous êtes sans pitié ! Je ne sais si le marquis me pardonnerait ; mais je suis sûre que du haut du ciel l'âme de la marquise me sourit et m'approuve.

La visite de Stamply ne se fit pas attendre. Il se présenta, par une après-midi, au château de Vaubert, dans le costume le plus galant qu'il avait pu choisir dans sa garde-robe de fermier enrichi. Raoul était absent. N'étant point gênée par la présence de son fils, la baronne reçut son voisin avec toute sorte d'égards et de coquetteries ; elle l'amena doucement à parler de son fils, et parut s'intéresser à tous ses discours. On pense quelle satisfaction pour ce pauvre vieillard de rencontrer un cœur bienveillant dans lequel il pouvait librement épancher ses regrets ! Cependant il finit par remarquer le modeste ameublement du salon où il se trouvait ; en songeant à ce qu'avaient été autrefois, à ce qu'étaient aujourd'hui les Vaubert et les Stamply, il fut pris d'un vague sentiment de pudeur et de confusion que les âmes délicates n'auront pas de peine à comprendre. Comme pour ajouter à l'embarras de son hôte, la baronne raconta les déceptions de son retour, et comment, en place de son château et de ses domaines, elle n'avait retrouvé qu'un pigeonnier et quelques méchants morceaux de terre ; mais elle le fit avec tant de grâce et de gaieté, que Stamply, quoique susceptible et défiant, ne put en prendre aucun ombrage, et qu'au contraire il se sentit délivré d'un grand poids en voyant de quelle façon madame de Vaubert s'accommodait à sa fortune.

— Je vous garde à dîner, lui dit-elle ; mon fils est allé passer la journée chez un de nos amis, et ne rentrera que ce soir ; vous me tiendrez compagnie. La solitude est triste à notre âge. Que voulez-vous ? ajouta-t-elle gaiement en renouant le fil de la conversation brisée ; chacun son tour, comme dit le proverbe. On assure que les révolutions ont leur bon côté ; nous avons payé pour le croire. Nous ne nous plaignons pas. Plût à Dieu seulement, ainsi que le répétait souvent ma pauvre et bien-aimée marquise, plût à Dieu, que tous ceux qui ont profité de nos désastres fussent d'aussi honnêtes gens que vous ! La résignation nous serait encore plus facile.

Dîner en tête-à-tête avec la baronne de Vaubert ne fut pas seulement pour Stamply le comble de l'honneur, ce fut aussi la plus douce joie qu'il eût goûtée depuis bien longtemps. C'est surtout à l'heure des repas que l'isolement se fait cruellement sentir. C'était l'heure de la journée que Stamply redoutait le plus. Lorsqu'il lui fallait s'asseoir à table devant la place vide de Bernard, sa tristesse redoublait, et souvent il lui arrivait, comme au roi de Thulé, de boire ses larmes dans son verre. Ce fut donc pour lui comme une fête improvisée. Le festin n'était pas somptueux ; mais madame de Vaubert suppléa au luxe du service par le charme de son esprit. Elle entoura son convive de mille petites attentions délicates, le flatta, le choya, le gâta comme un enfant, sans avoir l'air de remarquer les gaucheries et les énormités qu'il disait et faisait en matière d'étiquette et de savoir-vivre. Il y eut un instant où le vieillard tourna vers elle un regard dont nous n'essayerons pas de rendre l'expression : rappelez-vous ce beau regard si doux, si tendre, si reconnaissant que tourne le chien de chasse vers son maître qui le caresse. Le bonhomme put croire qu'il n'était plus seul au monde et qu'il avait une famille.

A partir de ce jour, il s'établit des rapports fréquents entre les deux châteaux. Madame de Vaubert, à force de prières et de remontrances, amena peu à peu son fils à tolérer la présence de Stamply et à l'accueillir, sinon avec bienveillance, du moins sans trop de morgue et de hauteur. En même temps, elle étudia, pour les flatter, les goûts et les manies du vieillard. Elle en vint même jusqu'à s'initier aux petits détails de son intérieur et veilla avec une sollicitude toute maternelle à ce que rien ne manquât au soin de son bien-être. Stamply ne résista pas à tant de séductions : il s'y prit comme une mouche dans du miel. Son cœur passa vite de la reconnaissance à l'affection, de l'affection à l'habitude. La meilleure partie de ses journées s'écoulait à Vaubert. Il y dînait trois fois la semaine. Le matin, il s'y arrêtait en allant visiter ses champs; il y retournait le soir pour causer de Bernard, et des affaires du jour, qui préoccupaient vivement les esprits. Par les soirées sereines, madame de Vaubert lui prenait le bras, et tous deux allaient se promener sur les bords du Clain. Qu'on tâche de se représenter l'ivresse du vieux Stamply tenant à son bras le bras d'une baronne, causant familièrement avec elle, et, le long de ces rives où on l'avait parfois salué à coups de pierre, prenant sa part des coups de chapeau qui s'adressaient à sa compagne! Il est très-vrai qu'un reflet de la considération qui entourait la noble dame avait rejailli jusque sur lui. Si ses domestiques ne le volaient pas moins, ils le respectaient davantage. Bref, il faudrait rajeunir la comparaison surannée de l'oasis dans le désert pour peindre en peu de mots ce que fut dans la vie désolée de cet homme l'apparition enchantée de la baronne de Vaubert. Sa fin d'automne en reçut comme un doux éclat. Sa santé se raffermit, son humeur s'égaya : son caractère, aigri par le chagrin, retrouva sa bonté native. Il eut, comme on dit, son été de la Saint-Martin ; mais le plus grand bienfait qu'il retira de ces relations fut de recouvrer l'estime de lui-même et de se sentir réhabilité à ses propres yeux. Sa conscience troublée s'apaisa ; fort d'une amitié si belle, il releva la tête et porta gaiement sa fortune.

Bientôt à ces salutaires influences madame de Vaubert en mêla d'autres, plus lentes et plus mystérieuses, que Stamply subit sans chercher à s'en rendre compte. Après s'être emparé de la vie de cet homme, elle s'empara de son esprit, qu'elle pétrit à son gré et façonna comme un bloc de cire. Elle s'étudia et réussit à effacer en lui jusqu'au dernier vestige des idées révolutionnaires. Elle sut, à force de subtilités, le réconcilier avec le passé qui l'avait opprimé et le brouiller avec les principes qui l'avaient affranchi. Elle le ramena, à l'insu de lui-même, au point d'où il était parti, et lui fit reprendre, sans qu'il s'en doutât, la carapace de serf et de vassal sous laquelle ses pères avaient vécu. En même temps, le nom du marquis de la Seiglière et le nom de sa fille revenaient dans tous ses discours, mais avec tant de réserve, que Stamply ne songeait même pas à s'en effaroucher. Il en arriva, sans efforts, à s'attendrir sur la destinée de cette jeune Hélène que madame de Vaubert ne se lassait pas de lui représenter comme la vivante image de sa mère. C'était la même grâce, le même charme et la même bonté. Stamply convenait qu'à ce compte mademoiselle de la Seiglière devait être un ange, en effet. Il avait gardé quelques préventions contre le marquis; madame de Vaubert s'appliqua patiemment à étouffer ce vieux levain de 93. L'adversité, disait-elle, est une rude école à laquelle on profite vite. Elle se flattait, pour sa part, d'y avoir beaucoup appris et beaucoup oublié. M. de la Seiglière, à l'entendre, était devenu, dans l'émigration, le plus parfait modèle de toutes les vertus : ce marquis si fier s'honorerait à cette heure de serrer la main de son ancien fermier et de l'appeler son ami. Stamply répondait que, le cas échéant, ce lui serait un très-grand honneur.

Des mois s'écoulèrent ainsi dans une douce intimité à laquelle Raoul ne se mêla point; ce jeune homme était triste et recherchait la solitude. Or, tandis que ces événements s'accomplissaient sans bruit dans la vallée du Clain, Waterloo venait de clore la grande épopée de l'empire. Le temps pressait. Dans une lettre toute récente, le marquis de la Seiglière, convaincu plus que jamais que la chute de Napoléon allait nécessairement entraîner celle de Stamply, et que le premier acte des Bourbons, après

leur rentrée définitive en France, serait de réintégrer
tous les émigrés dans la propriété de leurs domaines,
rappelait généreusement à sa vieille amie la pro-
messe qu'ils avaient échangée d'unir un jour Hélène
et Raoul. Madame de Vaubert jugea prudent de
pousser au dénoûment de la petite comédie dont
elle avait seule le secret.

Ses relations avec le fermier châtelain étaient, on
peut le croire, un grand sujet d'ébahissement pour
le pays. La médisance et la calomnie n'avaient point
manqué à l'appel. On s'étonnait, on s'indignait de
voir qu'une amie des la Seiglière frayât avec
l'homme qui les avait dépossédés. Le bruit courait
qu'elle visait à se faire épouser par Stamply. La noblesse criait à la trahison, et la roture au scandale.
Soit qu'elle ignorât ce qui se disait, soit qu'elle ne
s'en souciât pas autrement, la baronne avait jusque-
là poursuivi son idée, sans détourner seulement la
tête pour écouter les cris de la foule, quand tout à
coup Stamply crut remarquer des symptômes de
refroidissement dans les témoignages de cette amitié
qui le faisait si heureux et si fier. Il n'en ressentit
d'abord qu'un sourd malaise qu'il ne s'expliquait pas;
mais, ces symptômes prenant de jour en jour un caractère plus décidé, il commença de s'en alarmer
sérieusement. C'est qu'en effet madame de Vaubert

n'était plus la même; quoiqu'elle s'efforçât de dissimuler le changement qui s'opérait en elle, ce n'était pas l'âme susceptible et tendre du pauvre Stamply qui pouvait s'y tromper. Il souffrit longtemps en silence, et ce qu'il souffrit ne saurait se dire : car il avait tourné de ce côté toutes ses facultés aimantes; il avait mis dans cette affection tout son cœur, sa vie tout entière. Longtemps le respect lui ferma la bouche; mais un soir, ayant trouvé madame de Vaubert plus distraite, plus réservée, plus contrainte que d'habitude, il exprima son inquiétude d'une façon indiscrète peut-être, touchante à coup sûr. Madame de Vaubert en parut touchée, mais demeura impénétrable.

— Madame, qu'y a-t-il ? je pressens quelque grand malheur.

Madame de Vaubert répondit à peine; seulement, lorsqu'il fut près de se retirer, elle lui prit les mains et les pressa entre les siennes avec une effusion de tendresse qui ne fit qu'ajouter aux terreurs du vieillard.

Le lendemain, Stamply se promenait dans son parc, encore tout agité de la soirée de la veille, lorsqu'on lui remit un billet de la part de madame de Vaubert. Moins flatté qu'effrayé d'un si rare honneur, il brisa le cachet d'une main émue, et lut ce qui suit à travers ses larmes :

« Vous pressentiez un grand malheur, vos pressentiments étaient justes. Si vous devez en souffrir autant que j'en souffre moi-même, c'est un grand malheur, en effet. Il faut ne plus nous voir ; c'est le monde qui le veut ainsi. S'ils ne frappaient que moi, je braverais ses arrêts avec joie; mais je dois, en vue de mon fils, m'imposer des sacrifices que ne m'aurait jamais arrachés l'opinion. Comprenez quelle nécessité nous sépare, et que ce vous soit une consolation de penser que votre cœur n'en est pas plus profondément affligé que celui de votre affectionnée

« Baronne de Vaubert. »

Stamply ne comprit d'abord qu'une chose, c'est qu'il venait de perdre le seul bonheur qu'il eût ici-bas. Puis, en relisant cette lettre, il sentit retomber sur lui toutes les malédictions et tous les outrages dont l'amitié de madame de Vaubert avait si longtemps soulevé le poids. Il se vit replongé plus avant que jamais dans le gouffre de la solitude ; il crut perdre Bernard une seconde fois. C'était plus qu'une affection qui se brisait pour lui, c'était une habitude. Que ferait-il désormais de ses jours inoccupés, de ses soirées oisives? Où porter son cœur et ses pas? Plus de but; partout, autour de lui, l'abandon, le silence, les steppes désolées. Dans son désespoir, il prit le chemin de Vaubert.

— Madame, s'écria-t-il en entrant dans le salon où la baronne était seule, madame, que vous ai-je fait? en quoi ai-je pu démériter de vous? Pourquoi m'avoir tendu votre main, si vous deviez la retirer plus tard? Pourquoi m'avoir appelé, si vous deviez me chasser sans pitié? Pourquoi m'avoir tiré de mes ennuis, si vous deviez m'y rejeter si tôt? Regardez-moi : je suis vieux, mes jours sont comptés. Ne pouviez-vous attendre encore un peu? je n'ai guère de temps à vivre.

Madame de Vaubert s'efforça d'abord de l'apaiser, protestant de son affection et lui prodiguant les mots les plus tendres. Lorsqu'elle le vit plus calme, elle essaya de lui faire comprendre les motifs impérieux auxquels elle avait dû céder. Elle y mit en apparence une extrême réserve et une exquise délicatesse ; mais en réalité chacune de ses paroles entra comme la lame d'un poignard dans le cœur de Stamply. Un reste d'orgueil le soutint et le ranima.

— Vous avez raison, madame, dit-il en se levant; c'est moi qui suis un insensé. Je m'éloigne sans me plaindre et sans murmurer. Seulement, rappelez-vous, madame, que je n'aurais point osé solliciter l'honneur que vous m'avez offert ; rappelez-vous aussi que je ne vous ai pas trompée, et que, dès notre première entrevue, je vous ai dénoncé moi-même les outrages et les calomnies que le monde avait amassés sur ma tête.

A ces mots, il marcha résolûment vers la porte; mais, épuisé par l'effort de dignité qu'il venait de faire, il tomba dans un fauteuil, et laissa ses larmes couler.

En présence d'une douleur si vraie, madame de Vaubert se sentit sincèrement émue.

— Mon ami, écoutez-moi, dit-elle. Vous pensez bien que je ne me suis pas résignée sans effort à briser des relations qui faisaient ma joie autant que la vôtre. Je m'étais prise pour vous d'une tendre affection; je me complaisais dans l'idée que j'étais peut-être dans votre existence quelque chose de bon et de consolant. De votre côté, vous m'aidiez à supporter le poids d'une bien triste vie. Votre bonté me charmait; votre présence distrayait mes ennuis. Jugez donc si je me suis décidée volontiers à déchirer votre cœur et le mien. J'ai longtemps hésité; enfin, j'ai cru devoir, par égard pour mon fils, donner satisfaction à ce monde stupide et méchant auquel je n'aurais point sacrifié, s'il ne se fût agi que de moi, un seul cheveu de votre tête. J'ai dû le faire; je l'ai fait. — Cependant, ajouta-t-elle après quelques instants de réflexion silencieuse en fixant tout d'un coup sur Stamply un regard qui le fit tressaillir, s'il était un moyen de concilier les exigences de ma position et le soin de vos félicités ? s'il était un moyen d'imposer silence aux clameurs de la foule et d'assurer à votre vieillesse des jours heureux, honorés et paisibles ?...

— Parlez, parlez, madame : ce moyen, quel est-il? s'écria le vieillard avec la joie du naufragé qui croit voir une voile blanchir à l'horizon.

— Mon ami, reprit madame de Vaubert, j'ai mûrement réfléchi sur votre destinée. Après l'avoir envisagée sous toutes ses faces et sous tous ses aspects, je suis obligée de reconnaître qu'il n'en est pas de moins digne d'envie, et que vous êtes, à vrai dire, le plus infortuné des mortels. Vous aviez raison, le vieux Job sur son fumier était moins à plaindre que vous au sein de vos prospérités. Riche, vous n'avez pas l'emploi de vos richesses. Les hommes ont élevé entre eux et vous un mur d'opprobre et d'ignominie. L'outrage, l'injure, le mépris public, voilà jusqu'à présent le plus clair de vos revenus. Vous ne teniez à la vie sociale que par un lien ; ce lien rompu, vous n'avez pas une âme où vous puissiez abriter la vôtre. Je vois votre vieillesse livrée à des soins mercenaires. Vous n'aurez même pas, à votre dernière heure, la consolation de léguer à quelque être aimé cette fortune qui vous aura coûté si cher ; il ne vous reste qu'un héritier, l'État, de tous les héritiers le moins intéressant et le plus ingrat. Maintenant, il s'agit de savoir s'il vous serait plus doux d'avoir une famille qui vous chérirait comme un père, de vieillir entouré d'amour et de tendresse, de n'entendre autour de vous qu'un concert de bénédictions, de reposer vos derniers regards sur les heureux que vous auriez faits, afin de ne laisser après vous qu'une mémoire chérie et vénérée.

— Une famille... à moi ! s'écria le vieillard d'une voix éperdue. Moi, Stamply, le vieux gueux, comme ils m'appellent, entouré de tendresse et d'amour !... des concerts de bénédictions !... ma mémoire chérie et vénérée !... Hélas ! madame, cette famille, où donc est-elle ? Ma femme et mon enfant sont au ciel, et je suis tout seul ici-bas.

— Cette famille, ingrat ! répliqua madame de Vaubert en souriant ; vous en avez déjà la moitié sous la main.

Avec un peu de finesse ou de vanité, Stamply aurait pu croire que madame de Vaubert sollicitait en cet instant l'occasion d'une mésalliance ; mais le bonhomme n'était ni fin ni vain, et, malgré l'intimité de ses rapports avec la baronne, il n'avait jamais oublié quelle distance séparait encore le paysan parvenu de la grande dame ruinée. Il resta donc bras tendus et bouche béante, hésitant, interdit, ne sachant comment interpréter les dernières paroles qu'il venait d'entendre.

— Vous est-il arrivé, mon ami, reprit madame de Vaubert avec calme, de vous demander quelle aurait été la gloire de Bonaparte si, comprenant sa mission divine, cet officier de fortune, après avoir écrasé les factions, eût replacé les Bourbons sur le trône de leurs ancêtres? Supposons un instant qu'au lieu de songer à fonder une dynastie ce Corse, aujourd'hui misérable et proscrit, chargé d'opprobre, traqué et muselé comme une bête fauve, ait mis son épée et son ambition au service de nos princes légitimes : quelle destinée ne pâlirait devant la destinée de cet homme! Le monde, qui le maudit, le contemplerait avec admiration ; les rois qui ont juré sa perte se disputeraient l'honneur de lui tendre la main ; et, véritablement empereur à partir du jour où il aurait cessé de l'être, l'auréole qu'il porterait au front humilierait l'éclat du diadème.

— Et mon petit Bernard vivrait encore, ajouta Stamply en soupirant.

— Mon ami, s'écria madame de Vaubert, par quel étrange oubli, par quel fatal enchantement n'avons-nous pas compris, l'un et l'autre, que la Providence avait placé sous votre main une destinée à peu près pareille, et qu'il dépendait de vous de réaliser un si beau rêve !

A ces mots, Stamply commença de dresser les oreilles comme un lièvre qui entend remuer autour de lui la pointe des bruyères.

— Ah! pour vous, du moins, il en est temps encore, poursuivit la baronne avec entraînement. Ce que cet homme n'a pas su faire, vous pouvez l'accomplir dans la sphère moins haute où Dieu vous a placé. Consultez votre cœur, descendez dans votre conscience : votre cœur est pur, votre conscience intacte. Les hommes cependant en jugent autrement; et vous-même, irréprochable que vous êtes, ne vous arrive-t-il jamais de vous sentir inquiet et mal à l'aise, quand vous songez que le dernier rejeton d'une famille qui combla de bienfaits la vôtre languit, déshérité, sur la terre étrangère? Eh bien, vous pouvez d'un seul mot légitimer votre fortune, confondre l'envie, désarmer l'opinion, changer en applaudissements les outrages dont on vous accable, vous raffermir dans votre propre estime, et donner au monde un de ces grands exemples, qui de loin en loin relèvent l'humanité.

— Le vieux gueux ne porte pas si haut ses ambitions, madame, répondit Stamply en hochant la tête; il n'a pas la prétention de donner des exemples au monde; ce n'est pas à lui qu'appartient la tâche de relever l'humanité : de plus humbles soins le réclament. D'ailleurs, madame, je ne comprends pas bien...

— Si vous ne comprenez pas, tout est dit, répliqua froidement madame de Vaubert.

Stamply avait trop bien compris. Quoique fermier de naissance et paysan d'origine, il n'était, nous le répétons, ni fin, ni rusé, ni même bien clairvoyant; mais il avait le cœur ombrageux, et chez lui la défiance pouvait au besoin suppléer la ruse. Non-seulement il comprit où la baronne voulait en venir, mais encore il crut entrevoir que c'était là le secret des avances qu'il avait reçues.

— Je vous entends, madame la baronne, dit-il enfin avec ce profond sentiment de tristesse qu'éprouvent les âmes tendres, lorsqu'en creusant l'affection qu'elles croyaient sincère et désintéressée, elles découvrent, sous la première couche, un abîme sans fond d'égoïsme : je crois seulement que vous faites erreur. Je n'ai pas à légitimer ma fortune, ma fortune étant légitime; je ne la dois qu'à mon travail. Quant à mademoiselle de la Seiglière, il est très-vrai que je ne pense jamais sans attendrissement à cette enfant qui, m'avez-vous dit, est la vivante image de sa mère. Bien souvent j'ai été tenté de lui faire passer des secours; je l'ai voulu, je n'ai pas osé.

— Vous auriez tort de l'oublier : il est des infortunes qui ne sauraient accepter d'autres secours que les sympathies et les vœux qu'on forme pour elles, répondit madame de Vaubert avec dignité; mais laissez-moi vous dire, ajouta-t-elle d'un ton plus affectueux, que vous ne m'avez pas comprise. Je ne songeais qu'à votre bonheur. Je raisonnais non pas en vue de vos devoirs, mais seulement en vue de vos félicités. Que m'est-il échappé qui vous blesse ou qui vous offense? Le hasard me fait vous rencontrer; votre destinée m'intéresse. Je sens que je suis pour vous une consolation, je vous en aime davantage. Cependant il arrive qu'un jour le monde envieux et jaloux nous sépare. Mon cœur en gémit; le vôtre s'en alarme. Sur ces entrefaites, je me figure, follement peut-être, qu'en rappelant le marquis de la Seiglière et sa fille pour leur offrir de partager une fortune dont vous n'avez que faire, vous assurez à vos vieux ans le repos, la paix et l'honneur. Là-dessus, mon imagination s'exalte. Je vous vois entouré d'affections et d'hommages ; au lieu de se briser, notre intimité se resserre; le monde qui vous proscrivait vous recherche; les voix qui vous maudissaient vous bénissent; Dieu vous a pris un fils adoré, il vous rend une fille adorable. A ce tableau, je m'émeus et je me passionne; cette idée, je vous la soumets. Admettons que j'ai fait un rêve. Et puis soyez heureux. Je veux croire que je me suis exagéré le malheur de votre position. Vous vous referez à la solitude; la nature est bonne, le monde n'est pas regrettable. Vous êtes riche; la fortune, à tout prendre, est une charmante chose : je souhaite ardemment qu'elle vous tienne lieu du reste.

Cela dit, avec tant d'aisance et de naturel que le vieillard en fut tout ébranlé, madame de Vaubert se leva, et, sous prétexte d'une visite à faire dans le voisinage, se retira, laissant Stamply seul et livré à ses réflexions.

Ces réflexions furent moins que joyeuses. Stamply s'en alla, médiocrement charmé d'une proposition qui ne lui aurait agréé d'aucune sorte, même en supposant qu'elle eût été faite uniquement en vue de son bonheur. C'était un vieux brave homme; nous n'avons pas dit que ce fût un saint. Il y avait en lui, par exemple, une passion contre laquelle avaient dû se briser toutes les insinuations de madame de Vaubert. Il n'est pas rare de rencontrer ainsi chez ces molles natures, taillables et malléables à merci, un point dur, résistant, infrangible, qu'aucun effort ne saurait entamer : c'est l'anneau d'acier dans la chaîne d'or. Stamply était avare à sa manière; il avait la passion de la propriété. Il l'aimait pour elle-même, comme certains esprits aiment le pouvoir. Tous ses revenus passaient en achats de terres; c'est ainsi qu'il en était arrivé peu à peu, par empiétements successifs, à reconstituer dans son intégrité l'ancien domaine de la Seiglière. Il venait même d'y réunir tout récemment deux ou trois métairies aliénées depuis plus d'un siècle. N'avoir accompli ce grand œuvre que pour en faire hommage à monsieur le marquis, certes, le cas eût été beau; mais Stamply n'avait pas, ainsi qu'il l'avait dit lui-même, la prétention de donner à ses contemporains une si éclatante leçon d'abnégation, de sacrifice et de désintéressement. Il pensa que madame de Vaubert en parlait trop à son aise, et qu'avant de s'y décider la chose valait la peine qu'on y regardât à deux fois. Il rentra chez lui, résigné à la perte d'une amitié qui se mettait à si haut prix.

La résignation lui fut d'abord aisée. L'affection blessée, l'amour-propre offensé, la crainte d'avoir été pris pour dupe, ranimèrent en lui un reste de chaleur, de force et d'énergie. Tous ses vieux instincts d'indépendance et d'égalité se réveillèrent et reprirent un instant le dessus; mais cette espèce de surexcitation s'éteignit bientôt comme un feu de chaume. Il avait contracté dans la fréquentation de madame de Vaubert l'habitude des entretiens familiers et des épanchements intimes. Réduit brusquement au silence, son cœur ne tarda pas à se sentir atteint d'un mortel ennui. Il perdit en moins de quelques jours cette paix intérieure et cette douce sérénité qu'il avait puisées dans ses relations. Privée de son unique appui, sa conscience recommença de détailler. La vanité se mit de la partie pour tourmenter cette pauvre âme. Son expulsion de Vaubert n'était déjà plus un mystère. C'était le bruit général que madame de Vaubert avait chassé ignominieusement le vieux gueux, on en faisait des gorges chaudes. Stamply aurait pu ignorer les sots discours qui se tenaient à ce propos; mais un soir, en traversant le parc, il entendit ses serviteurs qui, ne le sachant pas si près, s'entretenaient gaiement de sa mésaventure. Ses fermiers, vis-à-vis de qui, en des temps plus heureux, il s'était paré d'une amitié illustre, affectaient de s'enquérir auprès de lui des nouvelles de madame la baronne. S'il restait au logis, se promenant de chambre en chambre d'un air accablé, ses gens venaient à lui d'un air officieux et demandaient, tantôt l'un, tantôt l'autre, pourquoi leur maître, pour s'égayer et se distraire, n'allait pas faire visite à madame la baronne. S'il se décidait à quitter la maison pour battre tristement la campagne, la valetaille disait en manière de réflexion, assez haut pour qu'il l'entendît : Voilà notre maître qui va passer une heure ou deux avec madame la baronne ! Quoique d'humeur endurante, il fut tenté plus d'une fois de leur frotter les épaules avec son bâton de cornouiller.

Ces mots, *madame la baronne*, résonnaient sans cesse à son cœur et à ses oreilles. La vue du château de Vaubert le plongeait dans des mélancolies sans fin ; il demeurait souvent de longues heures, silencieux, immobile, à contempler l'Éden perdu et regretté. Cet amour même de la propriété, que nous venons de signaler, ne lui suffisait plus : madame de Vaubert avait développé en lui d'autres instincts, d'autres appétits, d'autres besoins non moins impérieux. D'ailleurs, cet amour, le seul qui lui restât ici-bas, était empoisonné dans sa source. Il se rappelait avec épouvante la misérable fin de l'excellente madame Stamply, ses scrupules, ses terreurs, ses remords, les dernières paroles qu'elle avait prononcées avant d'expirer. Il y pensait le jour, il en rêvait la nuit ; exaltée par l'abandon, son imagination lui faisait un sommeil peuplé de lugubres images. C'était tantôt le spectre irrité de sa femme, tantôt l'ombre éplorée de madame de la Seiglière. Après une semaine ou deux d'une existence ainsi torturée, il se tourna, sans y songer, vers l'idée que la baronne lui avait indiquée comme un port. Ce ne fut d'abord qu'un point lumineux, scintillant dans la brume, au lointain horizon. Insensiblement ce point s'élargit, se rapprocha et rayonna, pareil à un phare. A force de l'examiner en tous sens, Stamply finit par en saisir le côté poétique et charmant. C'était une âme défiante, mais un esprit simple, honnête et crédule. Il se demanda si madame de Vaubert ne lui avait pas en effet révélé le secret du bonheur. En admettant qu'elle n'eût raisonné qu'en vue du marquis de la Seiglière et de sa fille, il fut obligé de convenir qu'en vue de lui-même elle n'aurait pu rien imaginer de mieux. La perspective des félicités qu'elle lui avait fait entrevoir se dégagea peu à peu des nuages qui l'obscurcissaient, et s'offrit à lui sous un jour enchanté. Il se représenta son intérieur embelli par la présence d'une jeune et douce créature; il se vit introduit, par la reconnaissance du marquis, dans le monde qui l'avait repoussé; il entendit un concert de louanges s'élever sur ses pas; il crut voir madame de la Seiglière, la bonne madame Stamply et son petit Bernard qui lui souriaient du haut des cieux. Toutefois la défiance le retenait encore sur la pente de ses bons sentiments. A quel titre d'ailleurs le marquis et sa fille rentreraient-ils dans ce château et dans ces domaines? Résigner une fortune si laborieusement acquise, ne serait-ce pas convenir qu'elle était usurpée? Au lieu de confondre l'envie, n'allait-il pas lui prêter de nouvelles armes? Avant de prendre aucun parti, Stamply se décida à voir madame de Vaubert pour se consulter avec elle; mais à peine eut-il touché quelques mots du sujet qui l'amenait, qu'elle l'interrompit aussitôt.

— Je souhaite, dit-elle, qu'il ne soit plus question de cela entre nous. Il est des choses qui ne se pèsent ni ne se discutent. Je vous le répète, je n'ai cherché, je n'ai voulu que votre bonheur. Il ne s'agissait, dans ma pensée, ni du marquis ni de sa fille : il ne s'agissait que de vous, à ce point que, si mon idée vous eût souri et que le marquis s'y fût résigné, le bienfaiteur, à mon sens, ne serait pas vous, mais lui. Gardez vos biens; nous n'en sommes point jaloux. On dit que la pauvreté est amère à ceux qui ont connu la richesse. On se trompe, c'est le contraire qu'il faut dire. Nous avons connu la fortune, et la pauvreté nous est chère.

Là-dessus, après s'être informée de la santé de son vieil ami et de quelle façon il menait l'existence, madame de Vaubert lui donna poliment à comprendre qu'il n'avait plus qu'à se retirer, ce qu'il fit, très-émerveillé de l'élévation des sentiments qu'il venait d'entendre exprimer. Il s'accusa d'avoir calomnié des intentions si désintéressées ; et, quoiqu'il trouvât un peu bien étrange qu'en ceci le marquis dût passer pour le bienfaiteur, et lui, Stamply, pour l'obligé, il alla, pas plus tard que le lendemain, se livrer, pieds et poings liés, à la discrétion de madame de Vaubert, qui n'en parut ni joyeuse ni bien surprise. Elle témoigna même une vive répugnance à s'entremettre de cette affaire, dans la crainte qu'elle avait, disait-elle, d'offenser les susceptibilités de ses amis. Stamply mit d'autant plus d'ardeur à la chose, que madame de Vaubert y montrait moins d'empressement ; et, s'il pouvait être plaisant de voir le cœur dupé par l'esprit, la bonhomie exploitée par la ruse, c'eût été une scène plaisante à coup sûr que celle où le bonhomme supplia la baronne, qui s'en défendait, d'intercéder pour lui, à cette fin que le marquis daignât consentir à rentrer dans un million de propriétés.

— Qu'on aime un peu le vieux Stamply, disait-il ; qu'il voie, sur la fin de ses jours, des visages heureux lui sourire ; qu'une main amie lui ferme les yeux, qu'on donne une larme à sa mort : ici-bas et là-haut, Stamply sera content.

On pense bien que madame de Vaubert finit par céder à de si touchantes instances; ce qu'on ne saurait s'imaginer, c'est la joie qu'éprouva le vieil enfant après avoir préparé sa ruine. Il s'empara des mains de la baronne, qu'il pressa sur son cœur avec un sentiment d'ineffable reconnaissance : — Car c'est vous, lui dit-il d'une voix émue et les larmes aux yeux, c'est vous, madame, qui m'avez montré le chemin du ciel. — Madame de Vaubert sentit que c'était un meurtre de se jouer d'une âme si parfaite; mais, cette fois comme toujours, elle apaisa vite les murmures de sa conscience en se disant que la destinée de Stamply se trouvait intéressée au succès de cette entreprise, qu'elle ne s'y serait pas prise autrement pour assurer le bonheur de cet homme, et qu'en toutes choses la fin excusait les moyens. Il ne s'agissait plus que de tromper l'orgueil du marquis, qu'elle savait trop bon gentilhomme pour s'abaisser jamais à rien tenir de la main de son ancien fermier. La baronne écrivit ces trois mots :

« Bourrelé de remords, sans enfants, sans amis, sans famille, Jean Stamply n'attend que votre retour pour vous restituer tous vos biens. Venez donc. Pour prix de sa tardive probité, ce malheureux demande seulement que nous l'aimions un peu; nous l'aimerons beaucoup. Rappelez-vous le Béarnais : **Paris vaut bien une messe.** »

Un mois après, le retour de M. de la Seiglière s'effectuait simplement, sans faste et sans bruit. Stamply le reçut à la porte du parc et lui présenta tout d'abord, en guise de clefs, sur un plat d'argent, un acte de donation rédigé en termes touchants, et dans lequel le donateur, par un sentiment d'exquise délicatesse, s'humiliait devant le donataire.

— Monsieur le marquis, vous êtes chez vous, lui dit-il.

La harangue était courte ; le marquis la trouva bien tournée. Il mit dans sa poche l'acte qui le réintégrait dans la propriété de tous ses domaines, embrassa Stamply, lui prit le bras ; et, suivi de sa fille qui marchait entre madame de Vaubert et Raoul, rentra dans son château, aussi jeune d'esprit qu'il en était sorti, sans plus de façons que s'il rentrait de la promenade.

Et maintenant, pour nous en tenir aux suppositions de madame de Vaubert, si Napoléon Bonaparte, réduisant la grandeur de son rôle aux proportions mesquines d'une probité bourgeoise, eût consenti à n'être que l'homme d'affaires de la famille des Bourbons ; après avoir relevé, du bout de son épée, la couronne de France, si, au lieu de la poser sur son front, il l'eût placée sur la tête des descendants de saint Louis, il est à croire qu'à cette heure un chapitre de plus enrichirait le grand livre des royales ingratitudes. Nous ne prétendons outrager ni la royauté ni personne, nous ne nous en prenons qu'à cette ingrate espèce qui s'appelle l'espèce humaine. Sans aller chercher nos exemples si haut, restons pour en juger, sur les rives du Clain.

CHAPITRE IV.

D'abord tout alla bien, les premiers mois réalisèrent amplement toutes les prédictions de bonheur qu'avait prodiguées madame de Vaubert à Stamply. Nous pouvons même affirmer que la réalité dépassa de beaucoup les espérances du vieillard. Le 25 août, à l'occasion de la fête du roi, M. de la Seiglière ayant réuni quelques gentilshommes de la ville et des environs, Stamply s'était assis entre le marquis et sa fille; au dessert, sa santé avait été portée avec enthousiasme immédiatement après celle de Louis *le Désiré.* Il dînait ainsi tous les jours à la table de M. de la Seiglière, le plus souvent en compagnie de madame de Vaubert et de son fils; car, de même que dans l'exil, les deux maisons n'en formaient qu'une seule à proprement parler. On recevait peu de monde : les soirées se passaient en famille. Stamply était de toutes les réunions, honoré comme un patriarche et caressé comme un enfant. Le marquis avait exigé qu'il occupât le plus bel appartement du château. Ses gens, qui le servaient à peine et ne le respectaient pas davantage, s'étaient vus remplacés par des serviteurs diligents et soumis qui veillaient à ses besoins et prévenaient tous ses désirs. On l'entourait à l'envi de toutes les attentions si douces à la vieillesse ; on prenait ses ordres en toutes choses ; on ne faisait rien sans le consulter. Ajoutez à tant de séductions la présence de mademoiselle de la Seiglière ; songez que ce n'était, à dix lieues à la ronde, qu'un hymne en l'honneur du plus honnête des fermiers.

Cependant quelques mois à peine s'étaient écoulés que déjà la vie du château avait changé de face et d'allure. Aussi vert et alerte que s'il avait vingt ans, M. de la Seiglière n'était pas homme à se contenter longtemps des joies du foyer et des délices de l'intimité. Il avait repris sa fortune comme un vêtement de la veille, et ne se souvenait du passé que comme d'une pluie d'orage. Vif, allègre, dispos, bien portant, il s'était conservé dans l'exil comme les primevères sous la neige. Les vingt-cinq années qui venaient de s'écouler ne l'avaient pas vieilli d'un jour. Il avait trouvé le triple secret qui fait qu'on meurt jeune à cent ans : l'égoïsme, l'étourderie du cœur, la frivolité de l'esprit ; au demeurant, le plus aimable et le plus charmant des marquis. Nul n'aurait pu croire, au bout de quelques mois, qu'une révolution avait passé par là. On avait redoré les plafonds et les lambris, renouvelé les meubles et les tentures, rétabli les chiffres et les écussons, lavé, gratté, effacé partout la trace de l'invasion des barbares. Pour nous servir des charitables expressions de madame de Vaubert, qui ne se gênait déjà plus pour en plaisanter, on avait nettoyé les étables d'Augias. Ce ne furent bientôt que fêtes et galas, réceptions et chasses royales. Du matin au soir, souvent du soir au matin, les voitures armoriées se pressaient dans la cour et dans les avenues. Le château de la Seiglière était devenu le salon de la noblesse du pays. Une armée de laquais et de marmitons avait envahi les cuisines et les antichambres. Vingt chevaux piaffaient dans les écuries; les chenils regorgeaient de chiens; les piqueurs donnaient du cor toute la journée. Stamply avait compté sur un intérieur plus paisible, sur des mœurs plus simples, sur des goûts plus modestes; il n'était pas au bout de ses déceptions.

Dans la première ivresse du retour, on avait trouvé tout charmant en lui, son costume, ses gestes, son langage, jusqu'à ses gilets de futaine. Le marquis et madame de Vaubert l'appelaient hautement leur vieil ami, gros comme le bras. On ne se lassait pas de l'entendre, on s'extasiait à tout ce qu'il disait.

C'était l'esprit gaulois dans sa fleur, un cœur biblique, une âme patriarcale. Quand le train du château eut pris un cours brillant et régulier, on commença de remarquer qu'il faisait ombre et tache au tableau. On ne s'en expliqua pas tout d'abord ; longtemps encore ce ne fut entre le marquis et madame de Vaubert que le bon, le cher, l'excellent monsieur Stamply : seulement, de temps à autre, ils y mêlaient quelques restrictions. De détours en détours, de restrictions en restrictions, ils furent amenés à se déclarer mutuellement que cet esprit gaulois était un rustre et ce cœur biblique un bouvier. On souffrit de ses familiarités, après les avoir encouragées ; ce qui passait, quelques mois auparavant, pour la bonhomie d'un patriarche ne fut plus désormais que la grossièreté d'un manant. Tant qu'on s'était borné au cercle de la famille, on avait pu s'y résigner ; au milieu du luxe et des splendeurs de la vie aristocratique, force fut bien de reconnaître que le brave homme n'était plus acceptable. Ce que le marquis et la baronne ne s'avouèrent pas l'un à l'autre, ce dont ils se gardèrent bien tous deux de convenir vis-à-vis d'eux-mêmes, c'est qu'ils lui devaient trop pour l'aimer. Pareille à cette fleur alpestre qui croît sur les cimes et meurt dans les basses régions, la reconnaissance ne fleurit que dans les natures élevées. Elle est aussi pareille à cette liqueur d'Orient qui ne se garde que dans des vases d'or : elle parfume les grandes âmes et s'aigrit dans les petites. La présence de Stamply rappelait au marquis des obligations importunes ; la baronne lui en voulait secrètement du rôle qu'elle avait joué près de lui. On s'appliqua donc à l'éconduire, avec tous les égards et tous les ménagements à l'usage des gens comme il faut. Sous prétexte que l'appartement qu'il occupait au sein du château était exposé aux bises du nord, on le relégua dans le corps le plus isolé du logis. Un jour, ayant observé, avec une affectueuse sollicitude, que les fêtes bruyantes et les repas somptueux n'étaient ni de son goût ni de son âge, que ses habitudes et son estomac pourraient en souffrir, le marquis le supplia de ne point se faire violence, et décida qu'à l'avenir on le servirait à part. Vainement Stamply s'en défendit, protestant qu'il s'accommodait très-volontiers de l'ordinaire de M. le marquis : celui-ci n'en voulut rien croire et déclara qu'il ne consentirait jamais à ce que son vieil ami se gênât pour être agréable à ses hôtes. — Vous êtes chez vous, lui dit-il ; faites comme chez vous, vivez à votre guise. On ne change pas à votre âge. Si bien que Stamply dut finir par prendre, comme un chartreux, ses repas dans sa chambre. Le reste, à l'avenant. On en arriva, par d'insensibles transitions, à le traiter avec une politesse exagérée ; le marquis le tint à distance à force d'égards ; madame de Vaubert l'obligea à battre en retraite sous le feu croisé des grands airs et des belles manières. Aussitôt qu'il paraissait avec ses souliers ferrés, ses bas de laine bleue et sa culotte de flanelle, on affectait de mettre la conversation sur un ton de cour : ne sachant quelle contenance tenir, Stamply se retirait confus, humilié et l'oreille basse. Ainsi le mur de boue qui l'avait longtemps séparé du monde se changeait doucement en une glace de cristal, barrière transparente, mais infranchissable autant que la première ; seulement le bonhomme avait la satisfaction de voir à travers s'en aller en fusées de toutes les couleurs les revenus de ce beau domaine qu'il avait reconstitué au prix de vingt-cinq années de travail et de privations. Le soir, après son repas solitaire, en passant sous les fenêtres du château, il entendait les éclats joyeux des conversations mêlés au bruit des cristaux et des porcelaines. Le jour, errant, triste et seul, sur ces terres qu'il avait tant aimées et qui ne le reconnaissaient plus pour maître, il voyait au loin les chevaux, les équipages, les meutes et les piqueurs battre la plaine et s'enfoncer dans les bois, au son des fanfares. La nuit, interrompu souvent dans son sommeil, il se dressait sur son séant pour écouter le tumulte du bal ; c'était lui qui payait les violons. D'ailleurs il ne manquait de rien. Sa table était abondamment servie. Une fois la semaine, le marquis envoyait prendre de ses nouvelles ; et quand madame de Vaubert le rencontrait sur son chemin, elle le saluait d'un geste amical et charmant.

Au bout d'un an, il n'était pas plus question de Stamply que s'il n'existait pas, que s'il n'eût jamais existé. Au bruit qui s'était fait un instant autour de lui avaient succédé le silence et l'oubli. On ne se souvenait même plus qu'il eût jamais possédé ce château, ce parc et ces terres. Après l'avoir accueilli, caressé, fêté comme un chien fidèle, le monde avait fini par le traiter comme un chien crotté. Le malheureux ne jouissait même pas de cette considération qui avait été le rêve de toute sa vie. On croyait ou l'on feignait de croire qu'en rappelant les la Seiglière, il n'avait fait que céder aux cris de l'opinion. On mettait l'acte de sa générosité sur le compte d'une probité forcée, trop tardive pour qu'on pût lui en savoir gré. Enfin ses anciens fermiers, tout fiers d'être redevenus la chose d'un grand seigneur, se vengeaient, par le plus éclatant mépris, d'avoir vécu sous le gouvernement fraternel d'un paysan comme eux. Tout cela s'était accompli graduellement, sans déchirement, sans secousse, presque sans calcul : cours naturel des choses d'ici-bas. Stamply lui-même fut longtemps à comprendre ce qui se passait autour de lui. Lorsque enfin ses yeux se dessillèrent et qu'il vit clair dans sa destinée, il ne se plaignit pas : un ange veillait à ses côtés, qui le regardait en souriant.

Mademoiselle de la Seiglière tenait de sa mère qu'elle n'avait jamais connue, et de la pauvreté au sein de laquelle elle avait grandi, un caractère silencieux, un esprit réfléchi, un cœur grave. Par un contraste assez commun dans les familles, elle s'était développée en sens inverse des exemples qu'elle avait reçus, sans rien garder de son père, qu'elle aimait d'ailleurs passionnément, et qui la chérissait de même ; seulement, l'amour d'Hélène avait quelque chose de protecteur et d'adorablement maternel, tandis que celui du marquis se ressentait de toutes les puérilités du jeune âge. Élevée dans la solitude, mademoiselle de la Seiglière n'était elle-même qu'un enfant sérieux. Sa mère lui avait transmis, avec le pur sang des aïeux, cette royale beauté qui se plaît, comme les lis et comme les cygnes, à l'ombre des châteaux, au fond des parcs solitaires. Grande, mince, élancée, un peu frêle, elle avait la grâce ondoyante et flexible d'une tige en fleur balancée par le vent. Ses cheveux étaient blonds comme l'or des épis ; et, par un rare privilége, ses yeux brillaient, sous leurs sourcils bruns, comme deux étoiles d'ébène, sur l'albâtre de son visage, dont ils rehaussaient l'expression sans en altérer l'angélique placidité. La démarche lente, le regard triste et doux, calme, sereine et demi-souriante, un poëte aurait pu la prendre pour un de ces beaux anges rêveurs chargés de recueillir et de porter au ciel les soupirs de la terre, ou bien encore pour une de ces blanches apparitions qui glissent sur le bord des lacs, dans la brume argentée des nuits. Ne sachant rien de la vie ni du monde que ce que son père lui en avait appris, elle avait assisté sans joie au brusque changement qui s'était opéré dans son existence. La patrie, pour elle, était le coin de terre où elle était née, où sa mère était morte. La France, qu'elle ne connaissait que par les malheurs de sa famille et par les récits qui s'en faisaient dans l'émigration, ne l'avait jamais attirée ; l'opulence ne lui souriait pas davantage. Loin de puiser, comme Raoul, dans les entretiens du marquis, l'orgueil et l'esprit de sa race, elle en avait retiré de bonne heure l'amour de l'humble condition où le destin l'avait fait naître. Jamais ses rêves ni ses ambitions n'étaient allés au delà du petit jardin qu'elle cultivait elle-même ; jamais le marquis de la Sei-

glière n'avait pu réussir à éveiller dans ce jeune sein
un désir non plus qu'un regret. Elle souriait doucement à tout ce qu'il disait; s'il venait à parler des
biens perdus avec trop d'amertume, elle l'entraînait
dans son jardin, lui montrait les fleurs de ses plates-
bandes, et demandait s'il en était en France de plus
fraîches et de plus belles. Aussi, le jour du départ,
avait-elle dévoré ses pleurs; le fait est que, ce jour-
là, l'exil avait commencé pour elle. En touchant le
sol de la France, ce sol tourmenté qu'elle n'avait jamais entrevu de loin que comme une mer orageuse,
Hélène s'était mal défendue d'un sentiment de tristesse et d'effroi; en pénétrant sous le toit héréditaire,
elle avait senti son cœur se serrer et ses yeux se
mouiller de larmes qui n'étaient pas des larmes de
bonheur. Toutefois, ces premières impressions dissipées, mademoiselle de la Seiglière s'était acclimatée sans efforts dans sa nouvelle position. Il est des
natures de choix que la fortune ne surprend jamais,
et qui, portant avec la même aisance les destinées les
plus contraires, se trouvent toujours, et sans y songer,
au niveau de leurs prospérités. Tout en ayant conservé sa grâce et sa simplicité natives, cette jeune et
belle figure s'encadrait si naturellement dans le luxe
de ses ancêtres, elle paraissait elle-même si peu
étonnée de s'y voir, que nul, en l'observant, n'au-

rait pu supposer qu'elle fût née dans un autre berceau, ni qu'elle eût grandi dans une autre atmosphère. Elle continua d'aimer Raoul, comme par le passé, d'une tendresse fraternelle, sans soupçonner qu'il existât un sentiment plus profond ou plus exalté que celui qu'elle éprouvait pour ce jeune homme. Elle ne savait rien de l'amour ; le peu de livres qu'elle avait lus étaient moins faits pour éveiller que pour endormir une jeune imagination. Les personnages que les récits de son père lui avaient représentés de tout temps comme des types de distinction, de grâce et d'élégance, ressemblaient tous plus ou moins à M. de Vaubert, qui, parfaitement nul et distingué d'ailleurs, se trouvait ainsi ne contrarier en rien les idées qu'Hélène pouvait se former d'un époux. Ils avaient, elle et lui, joué sur le même seuil et grandi sous le même toit. Madame de la Seiglière avait bercé l'enfance de Raoul ; madame de Vaubert avait servi de mère à Hélène. Ils étaient beaux tous deux, tous deux à la fleur de leurs ans. La perspective d'être unis un jour n'avait rien qui pût raisonnablement les effrayer beaucoup l'un et l'autre. Ils s'aimaient de cette affection compassée, assez commune entre amants fiancés avant l'âge et avant l'amour. Le mariage est un but auquel il est bon d'arriver, mais qu'il faut se garder de voir de trop loin, sous peine de supprimer tous les agréments de la route. Étrangère à tous les actes aussi bien qu'à tous les intérêts de la vie positive ; droite de cœur, mais n'ayant sur toutes choses que des notions confuses, fausses ou incomplètes ; entretenue, dès l'âge le plus tendre, dans l'idée que sa famille avait été dépossédée par un de ses fermiers, Hélène croyait ingénument que Stamply n'avait fait que restituer le bien de ses maîtres ; mais, quoiqu'elle pensât ne rien devoir à sa générosité, elle s'était prise, dès les premiers jours, à sourire à ce doux vieillard, qui ne se lassait pas de la considérer avec un sentiment de respect et d'adoration, comme s'il eût compris déjà que, de toutes les affections qui l'entouraient, celle de cette belle enfant était la seule qui fût vraie, naïve et sincère.

En effet, mademoiselle de la Seiglière réalisa, sans s'en douter, toutes les promesses de madame de Vaubert ; elle acquitta, sans le savoir, toutes les dettes du marquis. A mesure qu'on s'était éloigné de Stamply, Hélène s'était sentie de plus en plus attirée vers lui. Isolée elle-même au milieu du bruit et de la foule, de mystérieuses sympathies avaient dû bientôt s'établir entre ces deux âmes, dont le monde repoussait l'une et dont l'autre repoussait le monde. Cette aimable fille devint, pour ainsi dire, l'Antigone de ce nouvel OEdipe, la Cordelia de ce nouveau roi Lear. Elle égaya ses ennuis et peupla son isolement. Elle fut comme une perle au fond de sa coupe amère, comme une étoile dans sa nuit sombre, comme une fleur sur ses rameaux flétris. Ce qu'il y eut de plus étrange, c'est que, n'ayant cédé d'abord qu'à un sentiment d'adorable pitié, elle finit par trouver auprès de ce vieux compagnon plus d'aliment pour son cœur et pour son esprit qu'elle n'en rencontrait dans la société sonore et vide, brillante et frivole, au milieu de laquelle s'écoulaient ses jours. Chose étrange en effet, ce fut ce pauvre vieillard qui imprima le premier mouvement et donna le premier éveil à cette jeune intelligence. Le matin, quand tout dormait au château, le soir, quand les flambeaux s'allumaient pour la fête, Hélène s'échappait avec lui, soit dans le parc, soit à travers champs. Dans les longs entretiens qu'ils avaient ensemble, Stamply racontait les grandes choses que la république et l'empire avaient faites : Hélène écoutait avec étonnement et curiosité ces récits naïfs, qui ne ressemblaient à rien de ce qu'elle avait entendu jusqu'alors. Parfois Stamply lui donnait à lire les lettres de Bernard, seul trésor qu'il eût conservé. En les lisant, Hélène s'exaltait comme un jeune coursier qui se réveille au bruit des clairons. D'autres fois, il lui parlait de sa mère, de cette belle

et bien-aimée marquise dont il avait gardé le vivant
souvenir. Son langage était simple, Hélène sentait ses yeux mouillés en l'écoutant. Puis il parlait de Bernard, car c'était toujours à ce cher
mort qu'on devait revenir. Il disait son enfance
turbulente, sa jeunesse impétueuse et son héroïque
trépas. Les âmes de colombe aiment les cœurs de
lion ; Hélène se plaisait à tous ces discours, ne parlait elle-même de ce jeune homme que comme d'un
ami qui n'est plus. Ils allaient ainsi causant l'un et
l'autre ; et ce qui montre combien ce vieux Stamply
était une bonne et charmante nature, c'est que,
dans ces fréquents entretiens, il ne se permit jamais
une plainte contre les ingrats qui l'avaient délaissé,
et qu'Hélène put continuer de croire qu'en se
dépouillant il n'avait fait qu'accomplir un acte
rigoureux de conscience et de probité. Peut-être
aussi lui était-il doux de se sentir aimé pour lui-
même. Il savait que mademoiselle de la Seiglière
était destinée à Raoul ; il n'ignorait pas que le vœu
de leurs parents les avait fiancés de tout temps l'un
à l'autre ; il tenait entre ses mains le fil qui avait
dirigé madame de Vaubert ; il comprenait et savait
tout enfin. S'il se plaignit dans son propre cœur, il
n'en laissa rien voir à sa jeune amie ; il lui cacha,
comme une plaie honteuse, le spectacle flétrissant

des humaines ingratitudes. Lorsque Hélène s'affligeait de l'existence retirée qu'il menait : — Que voulez-vous ! disait-il avec mélancolie ; le monde n'est pas fait pour le vieux Stamply, ni le vieux Stamply pour le monde. Puisque M. le marquis a la bonté de me laisser vivre dans mon coin, j'en profite. J'ai toujours aimé le silence et la solitude ; M. le marquis a bien senti qu'on ne se réforme point à mon âge... Aimable enfant, ajoutait-il, votre présence et vos doux sourires, voilà mes fêtes, à moi ! Jamais le vieux Stamply n'en avait rêvé de si belles.

Sur les derniers temps, il voulut visiter une dernière fois la ferme où son père était mort, où son fils était né, où il avait, lui, laissé le bonheur en partant. Brisé déjà par la maladie, depuis longtemps courbé sous le chagrin, il s'y rendit seul, appuyé sur son bâton de cornouiller. La ferme était déserte ; tout le monde travaillait aux champs. Après avoir pénétré dans la maison rustique, où rien n'était changé ; après avoir reconnu le bahut de chêne, le lit en forme de buffet avec ses courtines et ses rideaux de serge verte, l'image de la Vierge devant laquelle il avait vu, dix années durant, sa femme prier soir et matin ; après avoir respiré le bon parfum du lait dans les jattes et du pain frais empilé sur la planche, il alla s'asseoir dans la cour, sur un banc de pierre.

Il faisait une tiède soirée d'été. On entendait dans le lointain la chanson des faneuses, les aboiements des chiens, les mugissements des bestiaux. L'air était tout imprégné de la senteur des foins. En face de Stamply, sur la mousse du toit, piétinaient une bande de pigeons roucouleurs. — Ma pauvre femme avait raison, s'écria le vieillard en s'arrachant à ce tableau des joies perdues, ç'a été un mauvais jour, le jour où nous avons quitté notre ferme !

Chargé d'années moins que de tristesse, il mourut deux ans après le retour du marquis, sans autre assistance que celle de mademoiselle de la Seiglière qui lui ferma les yeux. Près d'expirer, il se tourna vers elle et lui remit les lettres de son fils : « Prenez-les, dit-il, c'est tout ce qu'on m'a laissé, c'est tout ce qu'il me reste à donner. » Il s'éteignit sans regret de la vie, tout joyeux d'aller retrouver sa femme et son petit Bernard.

Sa mort ne laissa de vide que dans sa chambre et dans le cœur d'Hélène. Au château, on en parla durant trois jours. — Ce pauvre Stamply ! disait le marquis ; à tout prendre, c'était un brave homme. — Bien ennuyeux, soupirait madame de Vaubert. — Bien mal appris, ajoutait Raoul. — Bien excellent, murmurait Hélène. Ce fut là toute son oraison funèbre. Hélène seule acquitta le tribut de larmes qu'on avait promis à sa tombe. Il est bon pourtant d'ajouter que la fin du vieux gueux souleva dans le pays l'indignation d'un parti qui commençait de poindre à l'horizon politique, comme on disait alors élégamment. Hypocrite, envieux, surtout moins libéral que son nom ne semblait l'annoncer, ce parti qui se composait, en province, d'avocats bavards et médiocres, de bourgeois importants et rogues, fit un héros de Stamply mort, après l'avoir outragé vivant. Ce n'était pas qu'on se souciât de lui le moins du monde; mais on détestait la noblesse. On le mit sur un piédestal; on lui décerna les palmes du martyre, sans se douter à quel point le pauvre homme les avait méritées. Bref, on accusa hautement madame de Vaubert de captation, et le marquis d'ingratitude; et c'est ainsi qu'une fois, par hasard, ces petites passions et ces petites haines rencontrèrent, sans la chercher peut-être, la vérité sur leur chemin.

Cependant on touchait à l'époque fixée pour le mariage d'Hélène et de Raoul. Cette époque, encore trop éloignée au gré de M. de Vaubert, mademoiselle de la Seiglière ne la souhaitait ni ne la redoutait; elle la voyait approcher sans impatience, mais aussi sans effroi. Quoi qu'il en coûte, on peut même affirmer qu'elle en ressentait moins de tristesse que de joie. Ses entretiens avec Stamply, la lecture des lettres de Bernard, qu'elle s'était surprise plus d'une fois à relire après la mort de son vieux camarade, l'avaient bien amenée à de vagues comparaisons qui n'étaient pas précisément à l'avantage de notre jeune baron ; mais tout cela était trop confus dans son cœur et dans son esprit pour qu'elle cherchât à s'en rendre compte. C'était d'ailleurs une âme trop loyale pour entrevoir seulement l'idée qu'on pût revenir sur un engagement pris, sur une parole donnée. Fiancée de Raoul, à partir du jour où elle avait compris le sens et la portée de ce mot, la noble fille s'était regardée comme une épouse devant Dieu. Enfin, ce mariage agréait au marquis. Raoul cachait sa nullité sous un fin vernis de grâce et d'élégance ; il ne manquait ni des séductions de son âge ni des qualités chevaleresques de sa race ; et, pour tout dire, madame de Vaubert, qui veillait au grain, ne manquait jamais, dans l'occasion, de lui prêter l'esprit qu'il n'avait pas. Tout allait pour le mieux, rien ne semblait devoir troubler le cours de ces prospérités, lorsqu'un événement inattendu vint se jeter à la traverse.

On célébrait du même coup au château la fête du roi, le troisième anniversaire de la rentrée du marquis dans ses terres, et les fiançailles de Raoul et d'Hélène. Cette triple solennité avait attiré toute la

haute noblesse de la ville et des alentours. A la nuit
tombante, le château et le parc s'illuminèrent, un
feu d'artifice fut tiré sur le plateau de la colline ;
puis le bal s'ouvrit dans les salons, tandis qu'au dehors villageois et villageoises sautaient sous la ramée,
au son de la cornemuse. Madame de Vaubert, qui
touchait au but de ses ambitions, ne cherchait pas à
dissimuler la satisfaction qu'elle éprouvait. La seule
présence de mademoiselle de la Seiglière justifiait
suffisamment l'orgueil et le bonheur qui rayonnaient,
comme une double auréole, sur le front de Raoul.
Quant au marquis, il ne se sentait pas de joie. Chaque
fois qu'il se mettait au balcon, ses vassaux faisaient retentir l'air des cris de *vive notre maître! vive
notre seigneur!* mille fois répétés avec un enthousiasme qui prenait sa source dans le cœur de ces
braves gens et dans les caves du château. Stamply
était mort depuis quelques mois. Qui songeait à lui?
personne, si ce n'est Hélène qui l'avait sincèrement
aimé, et qui gardait pieusement sa mémoire. Ce
soir-là, mademoiselle de la Seiglière était distraite,
rêveuse, préoccupée. Pourquoi? elle-même n'aurait
pu le dire. Elle aimait son fiancé, du moins elle
croyait l'aimer. Elle avait grâce et beauté, amour et
jeunesse, noblesse et fortune: tout n'était autour
d'elle que doux regards et frais sourires ; la vie ne

semblait lui promettre que caresses et enchantements. Pourquoi ce jeune sein oppressé, ces beaux yeux voilés de tristesse? Organisation fine et déliée, nature délicate et nerveuse, comme les fleurs à l'approche de l'orage, frissonnait-elle sous le pressentiment de sa destinée?

Ce même soir, un cavalier, à qui nul ne songeait, suivait la rive droite du Clain. Arrivé à Poitiers depuis moins d'une heure, il n'avait pris que le temps de faire seller un cheval, et il était parti au galop, en remontant le cours de la rivière. La nuit était noire, sans lune, sans étoiles. Au détour du sentier, en découvrant le château de la Seiglière, dont la façade illuminée courait en lignes étincelantes sur le fond assombri du ciel, il arrêta court son cheval sous la brusque pression du mors. En cet instant, une gerbe de feu sillonna l'horizon, s'épanouit dans les nuages et tomba en pluie d'or, d'améthystes et d'émeraudes sur les tours et les campaniles. Comme un voyageur hésitant qui ne reconnaît plus son chemin, le cavalier promena autour de lui un regard inquiet ; puis, sûr de ne s'être pas trompé, il rendit la bride et continua sa route. Il mit pied à terre à la porte du parc ; et, laissant sa monture à la grille, entra juste au moment où la foule champêtre, dans un paroxysme d'enthousiasme et d'amour, mêlait le cri de *vive le roi!* à celui de *vive le marquis!* Toutes les fenêtres étaient encadrées de feuillage et décorées de transparents; le plus remarquable, chef-d'œuvre d'un artiste du cru, offrait aux yeux ravis l'auguste tête de Louis XVIII, sur laquelle deux divinités allégoriques courbaient des branches d'olivier. Au pied du perron, la musique d'un régiment en garnison à Poitiers jouait à pleins poumons l'air national de *Vive Henri Quatre*. Doutant s'il était éveillé, observant tout et ne comprenant rien, impatient de savoir, tremblant d'interroger, l'étranger se perdit dans la fête sans être remarqué de personne. Après avoir longtemps erré, comme une ombre, autour des groupes, en passant contre une des tables qu'on avait dressées dans les allées, il entendit quelques mots qui attirèrent son attention. S'étant assis au bout d'un banc, non loin de deux anciens du pays, qui, tout en buvant le vin du château, s'entretenaient, d'un ton goguenard, du retour des la Seiglière et de la mort du vieux Stamply, il s'accouda sur la table, et, le front appuyé sur ses deux mains, il demeura longtemps ainsi.

Lorsqu'il s'éloigna, le parc était désert, le château silencieux, les derniers lampions achevaient de s'éteindre, et les coqs éveillaient le jour.

CHAPITRE V.

A deux jours de là, dans l'embrasure d'une fenêtre ouverte, devant un joli guéridon de porcelaine de vieux Sèvres chargé de cristaux, de vermeil et des débris d'un déjeuner mignon, M. de la Seiglière, couché plutôt qu'assis dans un fauteuil à dos mobile et à fond élastique, jouissait, en toilette de matin, de cet état de bien-être et de béatitude que procurent à coup sûr un égoïsme florissant, une santé robuste, une fortune bien assise, un caractère heureux et une facile digestion. Il s'était réveillé en belle humeur, et ne s'était jamais senti si dispos. Enveloppé d'une robe de chambre de soie à grands ramages, le menton frais rasé, l'œil vif, la bouche rose encore et souriante, le linge éblouissant, l jambe fine, le mollet rebondi, la main blanche e potelée, à demi cachée sous une manchette de valenciennes et jouant avec une tabatière d'or enrichie d'un portrait de femme, qui n'était pas celui de la marquise, le tout exhalant un doux parfum d'iris et de poudre à la maréchale, il était là, ne pensant à rien, respirant avec délices la verte senteur de ses bois, dont l'automne commençait à rouiller la cime, et suivant d'un regard distrait ses chevaux couverts de housses qu'on ramenait de la promenade, lorsqu'il aperçut sur le pont du Clain madame de Vaubert, qui s'avançait dans la direction du château. Il se leva, tendit le jarret, s'examina des pieds à la tête, secoua du bout des doigts les grains de tabac éparpillés sur son jabot de point d'Angleterre; puis, s'étant penché sur le balcon, il regarda venir l'aimable visiteuse. Un esprit tant soit peu observateur aurait reconnu dans la sortie matinale de madame de Vaubert, moins encore que dans sa désinvolture, l'indice certain d'un cœur violemment agité; mais le marquis n'y prit point garde. Lorsqu'elle entra, il lui baisa galamment la main, sans remarquer seulement l'altération de ses traits et la pâleur de son visage.

— Madame la baronne, lui dit-il, vous êtes tous les jours plus jeune et plus charmante. Au train dont vous allez, encore quelques mois, et vous aurez vingt ans.

— Marquis, répliqua madame de Vaubert d'une voix brève, ce n'est point de cela qu'il s'agit. Parlons sérieusement. la chose en vaut la peine. Marquis, tout est perdu ! tout, vous dis-je ; la foudre est tombée sur nos têtes.

— La foudre ! s'écria le marquis en montrant le ciel, qui brillait de l'azur le plus pur et du plus vif éclat.

— Oui, dit madame de Vaubert ; supposez que la foudre, éclatant dans ce ciel sans nuages, réduise en poudre votre château, brûle vos fermes, consume vos moissons sur pied : vous ne supposerez rien de plus invraisemblable que le coup qui vient de vous frapper. Après avoir échappé à la tempête, vous êtes menacé de sombrer au port.

M. de la Seiglière pâlit. Lorsqu'ils furent assis l'un et l'autre :

— Croyez-vous aux revenants ? demanda froidement la baronne.

— Eh ! madame !... fit le marquis.

— C'est que, si vous n'y croyez pas, vous avez tort, poursuivit madame de Vaubert. Le fils Stamply, ce Bernard dont son père nous a tant de fois étourdi les oreilles, ce héros mort et enterré depuis six ans sous les glaces de la Russie...

— Eh bien ? demanda M. de la Seiglière.

— Eh bien, reprit la baronne, on l'a vu hier dans le pays, on l'a vu en chair et en os, on l'a vu, ce qui s'appelle vu, et on lui a parlé, et c'est lui, c'est Bernard, Bernard Stamply, le fils de votre ancien fermier ; il existe, il vit ; le drôle n'est pas mort.

— Qu'est-ce que ça me fait ? dit le marquis d'un ton dégagé et de l'air à la fois surpris et charmé d'un homme qui, s'étant attendu à recevoir un aérolithe sur la tête, reçoit sur le bout du nez une plume détachée de l'aile d'une mésange.

— Comment ! ce que cela vous fait ? s'écria madame de Vaubert. Le fils Stamply n'est pas mort, il est de retour au pays, on a constaté son identité, et vous demandez ce que cela vous fait !

— Mais sans doute, répondit M. de la Seiglière avec un naïf étonnement. Si ce garçon a des raisons d'aimer la vie, tant mieux pour lui qu'il ne soit pas en terre. Je prétends le voir ; pourquoi ne s'est-il pas déjà présenté ?

— Soyez calme, dit la baronne, il se présentera.

— Qu'il vienne ! s'écria le marquis ; on le recevra ; on aura soin de lui ; au besoin, on lui fera un sort. Je n'ai pas oublié la délicatesse des procédés du père. Le vieux Stamply a fait son devoir ; à mon tour, je ferai le mien. C'est une justice que le gars se ressente de la fortune que m'a rendue le papa. Je ne suis pas ingrat ; il ne sera pas dit qu'un la Seiglière a laissé dans la peine le fils d'un serviteur fidèle. Qu'on m'amène Bernard ; s'il hésite, qu'on le rassure ; il aura ce qu'il demandera.

— Et s'il demande tout ? dit la baronne.

— A ces mots, M. de la Seiglière tressaillit et se tourna vers elle d'un air effaré.

— Avez-vous lu un livre qui s'appelle le Code ? demanda tranquillement madame de Vaubert.

— Jamais, répondit le marquis avec orgueil.

— Je l'ai parcouru ce matin à votre intention. Hier encore, je n'étais pas plus avancée que vous ; pour vous, je me suis faite clerc de procureur. C'est un livre d'un style assez sec, très-goûté lorsqu'il consacre nos droits, mais peu estimé quand il contrarie nos prétentions. Je doute, par exemple, que vous en aimiez beaucoup le chapitre des donations entre-vifs. Lisez-le cependant, je le recommande à vos méditations.

— Madame la baronne, s'écria M. de la Seiglière en se levant avec un léger mouvement d'impatience, me direz-vous ce que tout cela signifie ?

— Monsieur le marquis, répondit madame de Vaubert en se levant de son côté avec la gravité d'un docteur, cela signifie que toute donation à titre gratuit est révoquée de plein droit pour cause de survenance d'enfant légitime, même posthume, du donateur ; cela signifie que Jean Stamply, du vivant de

son fils, n'aurait pu disposer en votre faveur que de
la moitié de ses biens, et que, n'ayant disposé du tout
que dans l'hypothèse que son fils était mort, ces dispositions se trouvent anéanties; enfin, cela signifie
que vous n'êtes plus chez vous, que Bernard va vous
faire assigner en restitution de titres, et qu'au premier jour, armé d'un jugement en bonne forme, ce
garçon, à qui vous parlez de faire un sort, vous
sommera de déguerpir et vous mettra poliment à la
porte. Comprenez-vous maintenant?

M. de la Seiglière fut atterré; mais telle était son
adorable ignorance des choses de la vie, qu'il passa
vite de l'étonnement et de la stupeur à l'exaspération
et à la révolte.

— Je ne me soucie pas mal de votre Code et de vos
donations entre-vifs! s'écria-t-il avec l'emportement
d'un enfant mutin. Est-ce que j'entends rien à tout
cela, moi? Est-ce que tout cela me regarde? Ce que
je sais, c'est que je suis chez moi. Que parlez-vous
d'ailleurs de donation? On me restitue ce qu'on m'a
dérobé, on me rend les biens qu'on m'a pris, et cela
s'appelle une donation! Le mot est joli. Un la Seiglière acceptant une donation! La chose est plaisante. Comme si les la Seiglière avaient jamais rien
accepté d'une autre main que la main de Dieu!
Comment, ventre-saint-gris! je suis chez moi, heu-

reux, paisible, et, parce qu'un vaurien qu'on croyait mort se permet de vivre, je devrai lui compter la fortune que m'avait volée monsieur son père ! C'est le Code qui le veut ainsi ! Mais ce sont donc des cannibales qui l'ont rédigé, votre Code, qui se dit civil, je crois, l'impertinent ! Un Code d'usurpateur, qui consacre de père en fils la rapine et le brigandage ! En un mot, le Code Napoléon ! Je reconnais là M. de Buonaparte. Il a pensé à son louveteau : c'est d'un bon père et d'un loup prévoyant.

Il parla longtemps sur ce ton, sans suite, sans liaison, au hasard, marchant à grands pas, frappant du pied le parquet, se drapant d'une façon tragi-comique avec les pans de sa robe de chambre, et répétant à chaque instant d'une voix étouffée par la colère : Une donation ! une donation ! Madame de Vaubert eut bien de la peine à l'apaiser, à lui faire comprendre ce qui s'était passé plus d'un quart de siècle auparavant et ce qui se passait à cette heure. Elle avait jusqu'alors respecté ses illusions ; mais cette fois la gravité de la situation ne permettait plus de ménagements. Elle arracha brutalement le bandeau qui lui voilait les yeux ; et vainement le pauvre marquis se roidit, se débattit, et, comme un aveugle rendu subitement à la lumière des cieux, ferma douloureusement les paupières : madame de Vau-

bert le dompta, et, le forçant à regarder en face le
soleil de l'évidence, l'inonda de toutes parts d'une
impitoyable clarté. A voir les ébahissements de M. de
la Seiglière écoutant l'impartial résumé de l'histoire
de ces derniers temps, on eût dit qu'après s'être endormi sur les bords du Clain il se réveillait en
Chine, au milieu d'un groupe de bonzes, et déguisé
lui-même en mandarin. Les faits rétablis et le passé
nettement dessiné :

— Maintenant, ajouta la baronne avec fermeté, il
s'agit de résoudre la question de l'avenir. Le cas est
périlleux ; mais il n'est si mauvais pas dont on ne
puisse se tirer avec un peu d'adresse et beaucoup de
sang-froid. Voyons, marquis : nul doute que ce Bernard ne se présente d'un instant à l'autre, non pas en
solliciteur, comme vous l'avez espéré d'abord, mais
en maître, le front haut, la parole haute. Il ne
manque pas de gens qui l'auront instruit de ses droits
et qui lui fourniront, au besoin, le moyen de les soutenir. Supposez qu'il arrive : comment l'allez-vous
recevoir ?

— Qu'il aille à tous les diables ! s'écria le marquis
éclatant comme une bombe dont on croyait la mèche
éteinte.

— Pourtant, s'il se présente ?...

— S'il l'osait, madame la baronne, je me souviendrais qu'il n'est pas gentilhomme, et, plus heureux que Louis XIV, je n'aurais pas à jeter ma canne par la fenêtre.

— Vous êtes fou, marquis.

— S'il faut plaider, eh bien! nous plaiderons.

— Marquis, vous êtes un enfant.

— J'aurai pour moi le roi.

— La loi sera pour lui.

— J'y mangerai mon dernier champ, plutôt que de lui laisser un brin d'herbe.

— Marquis, vous ne plaiderez pas. Plaider! y songez-vous? mêler votre nom à des débats scandaleux! vous commettre avec la justice! et cela pour en arriver à des conclusions prévues, infaillibles, inévitables! Nous avons des ennemis; vous ne leur donnerez pas cette joie. Vous avez un blason; vous ne lui ferez pas cette injure.

— Mais, pour Dieu! madame la baronne, que faire? que décider? que devenir? quel parti prendre? s'écria le marquis aux abois.

— Je vais vous le dire, répliqua madame de Vaubert avec assurance. Savez-vous l'histoire d'un colimaçon qui s'introduisit étourdiment dans une ruche? Les abeilles l'empâtèrent de miel et de cire; puis, lorsqu'elles l'eurent ainsi emprisonné dans sa coquille, elles roulèrent cet hôte incommode et le poussèrent hors de leur maison. Marquis, c'est ainsi qu'il faut nous y prendre. Ce Bernard est sans doute un rustre comme l'était son père : aux grâces de son origine il doit joindre la brutalité du soldat et l'emportement du jeune homme. Enduisons-le de cire et de miel ; engluons-le des pieds à la tête. Si vous l'irritez, tout est perdu ; ménageons-le, voyons-le venir. Il arrivera comme un boulet de canon qui s'attend à rebondir contre un mur de granit ou d'airain ; qu'il s'enfonce et s'amortisse dans une balle de coton. Ne le heurtez pas ; gardez-vous surtout de discuter vos droits ou les siens. Défiez-vous de votre sang : vous êtes bien jeune encore ! Loin de les contrarier, flattez ses opinions ; humiliez, s'il est nécessaire, la victoire devant la défaite. L'essentiel, d'abord, est de l'amener doucement à s'installer comme un hôte dans ce château. Cela fait, vous gagnez du temps ; le temps et moi, nous ferons le reste.

— Ah çà ! madame la baronne, quel rôle allons-nous jouer ici ? demanda fièrement le vieux gentilhomme.

— Un grand rôle, monsieur, un grand rôle ! répondit la baronne encore plus fièrement. Nous allons combattre pour nos principes, pour nos autels et pour nos foyers ; nous allons lutter pour le droit contre l'usurpation ; nous allons défendre la légitimité contre les exactions d'une légalité odieuse et tyrannique; nous allons disputer nos derniers boulevards aux envahissements d'une bourgeoisie basse et jalouse, qui nous hait et veut notre ruine. Si nous étions aux beaux temps de la chevalerie, je vous dirais de monter à cheval, d'entrer en lice, de combattre à armes courtoises; ou bien encore, enfermés dans votre château comme dans un fort, vous, nous, nos gens et nos vassaux, plutôt que d'en sortir vivants, nous nous ferions tuer sur la brèche. Malheureusement ce n'est pas d'aujourd'hui que les avocats ont remplacé les champions, et les huissiers les hérauts d'armes. Puisque nous vivons dans un temps où l'on a substitué plus que jamais le palais de justice au champ clos, les subtilités de la loi aux inspirations du courage, force est bien aux plus nobles et aux plus vaillants d'user de la ruse en guise d'épée, de l'esprit à défaut de lance. Que voulons-nous d'ailleurs? Il n'est pas question de réduire ce garçon à la mendicité. Vous serez généreux, vous ferez bien les choses; mais, en bonne conscience, un pauvre diable qui vient de passer six années dans la neige a-t-il absolument besoin, pour se sentir mollement couché, d'être étendu tout de son long sur un million de propriétés? A présent, cher marquis, si vous avez encore des scrupules, qu'à cela ne tienne :

tout cas de conscience est respectable. Allez trouver
M. Bernard ; passez-lui, comme une bague au doigt,
vos domaines. Pendant que vous y serez, pourquoi
ne joindriez-vous pas à ce petit cadeau vos parchemins et vos armoiries? J'ai vu, ce matin, Hélène,
belle, radieuse, confiante en la destinée ; à son retour,
elle apprendra qu'elle est ruinée de fond en comble,
et qu'il ne lui reste plus que l'humble castel de Vaubert. Nous irons y vivre modestement, comme autrefois nous avons vécu dans l'exil. Au lieu de s'unir
dans l'opulence, nos enfants se marieront dans la
pauvreté. Nous serons la fable du pays. Plus tard,
nous ferons de nos petits-fils des hobereaux, nous
vendrons nos petites-filles à la vanité de quelques
manants enrichis. Cette perspective n'a rien d'alar-
mant : sans compter la satisfaction d'avoir incessamment sous les yeux le château de la Seiglière, les
ombrages de ce beau parc, et M. Bernard chassant,
vivant en liesse, menant grand train sur vos terres.

— Savez-vous, baronne, s'écria M. de la Seiglière, que vous avez le génie d'une Médicis?

— Ingrat ! j'ai le génie du cœur, répondit madame de Vaubert en souriant. Qu'est-ce que je veux?
qu'est-ce que je demande? le bonheur des êtres que
j'aime. Pour moi, je n'ai pas d'ambition. Pensez-
vous que je m'effraye sérieusement, pour ma part,

à l'idée de vivre avec vous, en famille, dans mon petit manoir ? Eh ! mon Dieu, je suis faite depuis longtemps à la pauvreté ; mon Raoul n'a jamais rêvé la fortune. Mais vous, mais votre belle Hélène, mais les enfants qui naîtront d'une union charmante, voilà, marquis, voilà ce qui m'effraye !

Ils en étaient là de ce long entretien, lorsqu'un laquais annonça qu'un inconnu, qui refusait de se nommer, demandait à parler à M. le marquis.

— C'est notre homme, dit la baronne.

— Faites entrer, dit le marquis.

— Songez bien, s'empressa d'ajouter madame de Vaubert, que tout le succès de l'entreprise dépend de cette première entrevue.

Le parquet du corridor retentit sous un talon brusque, ferme et sonore, et presque aussitôt le personnage qu'on venait d'annoncer entra militairement, botté, éperonné, le chapeau et la cravache au poing. Quoique évidemment flétri par la fatigue et la souffrance, c'était un homme qui paraissait avoir trente ans au plus. Le front découvert, effleuré déjà par des rides précoces, les joues amaigries, l'œil enfoncé dans son orbite, la bouche mince et pâle, ombragée d'une moustache épaisse et brune, l'air franc et décidé, l'attitude fière et même un peu hautaine, il avait une de ces figures qui passent pour laides aux yeux du monde, mais que les artistes ont en général la faiblesse de trouver belles. Une redingote bleue, boutonnée jusqu'au col, pressait sa taille élancée, droite et souple. A peine entré dans ce salon qu'il sembla reconnaître, son regard s'amollit, et son cœur parut se troubler ; mais s'étant remis promptement d'une émotion involontaire, il s'inclina légèrement à quelques pas de la baronne, puis interpellant le marquis :

— C'est à monsieur de la Seiglière que j'ai l'honneur de parler ? demanda-t-il avec une politesse glacée et d'une voix qui se ressentait encore de l'habitude du commandement.

— Vous l'avez dit, monsieur. A mon tour, puis-je savoir...

— Dans un instant, monsieur, répliqua froidement le jeune homme. Si, comme je le suppose, c'est à madame de Vaubert que j'ai l'honneur de m'adresser, madame, veuillez rester, ajouta-t-il, vous n'êtes pas de trop entre nous.

Un éclair de joie passa dans les yeux de madame de Vaubert, complétement rassurée sur le gain d'une bataille dont elle avait dressé le plan et qu'elle allait pouvoir diriger. De son côté, M. de la Seiglière respira plus à l'aise en sentant qu'il allait manœuvrer sous les ordres d'un si grand capitaine.

— Monsieur, veuillez vous asseoir, dit-il en s'asseyant lui-même presque en face de la baronne.

Le jeune homme prit le siége que lui indiquait le marquis et s'y installa assez cavalièrement; puis il se fit entre ces trois personnages un moment de ce silence solennel qui précède les engagements décisifs, quand deux armées sont en présence. Le marquis ouvrit sa boîte d'or, y plongea le pouce et l'index, et se bourra le nez d'une prise de tabac d'Espagne, lentement et à petits coups, avec une grâce toute spéciale, entièrement perdue de nos jours.

— Monsieur, dit-il, je vous écoute.

Après quelques secondes de recueillement, l'étranger s'accouda sur le bras du fauteuil dans lequel il était assis, du côté du vieux gentilhomme.

— Monsieur le marquis, dit-il en élevant la voix avec autorité, voici bientôt trente ans, de grandes choses allaient s'accomplir. La France était dans l'attente. Une nouvelle aurore blanchissait l'horizon. Un monde nouveau était près d'éclore. Il courait dans l'air de sourdes rumeurs qui remplissaient les âmes de joie ou d'épouvante, d'espérance ou de stupeur. Il paraît que vous n'étiez pas, monsieur, au nombre de ceux qui espéraient alors et se réjouissaient, car vous fûtes un des premiers qui abandonnèrent la patrie menacée pour fuir à l'étranger. La patrie vous rappela, c'était son devoir ; vous fûtes sourd à son appel, c'était sans doute votre bon plaisir ; elle confisqua vos biens, c'était son droit.

A ces mots, le marquis, oubliant déjà le rôle qu'il avait tacitement accepté, bondit sur son siége comme un chamois blessé ; un regard de madame de Vaubert le contint.

— Ces biens, devenus la propriété de la nation, propriété légale et légitime, un de vos fermiers les acheta du prix de ses sueurs ; et lorsqu'il eut bien travaillé, lorsqu'au bout de vingt-cinq années de fatigues et de labeurs il eut recousu, pour ainsi dire, lambeaux par lambeaux le domaine de vos ancêtres, tandis que vous, les bras croisés, vous étiez occupé là-bas à ne rien faire, si ce n'est des vœux hostiles à la gloire et à la grandeur de la France, il s'en dépouilla comme d'un manteau et vous le mit sur les épaules.

— Ventre-saint-gris ! monsieur... s'écria le marquis ne se connaissant plus.

Un second regard de madame de Vaubert l'arrêta court et le cloua muet sur place.

— Par quel enchantement cet homme, qui ne vous devait rien et ne vous aimait pas, se porta-t-il envers vous à un tel excès de générosité, d'amour et d'enthousiasme ? comment se décida-t-il à résigner entre vos mains cette sainte propriété du travail, la seule que Dieu reconnaisse et bénisse? Peut-être pourriez-vous me l'apprendre. Ce que je puis, moi, vous affirmer, c'est que, du vivant de son fils, cet homme ne se souciait même pas de savoir si vous existiez. Toujours est-il qu'il mourut, sans s'être réservé seulement un coin de terre pour son dernier sommeil, vous laissant paisible possesseur d'une fortune qui ne vous avait coûté d'autre peine que d'ouvrir la main pour la recevoir.

Le marquis allait répliquer, quand la baronne lui coupa, ou, pour mieux dire, lui souffla la parole.

— Puisque vous m'avez permis d'assister à cet entretien, dit-elle de sa plus douce voix, avec un ton d'exquise urbanité, souffrez, monsieur, que j'y prenne part. Je n'essayerai point de relever ce que quelques-unes de vos expressions ont eu pour nous de cruel et de blessant. Vous êtes jeune : cette nouvelle aurore dont vous parlez, si vous l'aviez vue poindre, vous sauriez, comme nous, que ce fut une aurore de sang. Quant aux reproches que vous nous adressez d'avoir déserté le sol de la France et d'être demeurés sourds à l'appel de la patrie, il nous est permis d'en sourire. Si l'on venait vous dire que ce château menace ruine, si ce parquet tremblait sous vos pieds, et que ce plafond, près de s'effondrer, criât et craquât sur nos têtes, resteriez-vous assis tranquillement dans ce fauteuil? Si le bourreau, la hache derrière le dos, vous appelait d'une voix pateline, vous empresseriez-vous d'accourir? Laissons là ces enfantillages. Encore un mot pourtant. Vous nous accusez d'avoir formé, au fond de l'exil, des vœux hostiles à la gloire et à la grandeur du pays. C'est une erreur, monsieur. Nous nous voyons pour la première fois ; nous ne savons ni qui vous êtes ni quel intérêt vous amène ; seulement nous sentons que vous ne nous êtes pas ami, et la noblesse qui respire en votre personne nous fait une loi de chercher à forcer votre estime, à défaut de vos sympathies. Croyez qu'il s'est rencontré dans ces rangs de l'émigration, trop calomniés peut-être, des cœurs généreux, demeurés français sur la terre étrangère. Vainement la patrie nous avait rejetés de son sein : nous l'avions emportée dans le nôtre. Demandez au marquis si nos vœux l'ont suivie, cette patrie ingrate et chère, dans toutes ses campagnes et sur tous ses champs de bataille ! Qu'il vous dise s'il est un de ses triomphes qui n'ait éveillé d'orgueilleux échos dans nos âmes ! Rocroi n'exclut point Austerlitz ; Bouvines et Marengo sont sœurs. Ce n'est pas le même drapeau ; mais c'est toujours la France victorieuse.

— Très-bien, très-bien, dit le marquis en ouvrant sa tabatière.

Et tout en portant à son nez une pincée de poudre brune : — Décidément, ajouta-t-il mentalement, la baronne a le diable au corps.

— Et maintenant, reprit madame de Vaubert, ce petit compte une fois réglé, si vous n'êtes venu que pour nous rappeler ce que l'on doit ici à la mémoire du meilleur des hommes, si c'est à cela seulement que se borne votre mission, j'ajouterai, monsieur, que c'est sans doute une noble tâche, mais que, nos dettes étant payées, vous avez pris une peine inutile. Enfin, si vous tenez à savoir par quel enchantement M. Stamply s'est décidé à réintégrer dans ce domaine une famille qui de tout temps avait comblé ses pères de bontés, je vous dirai qu'il n'a fait qu'obéir aux pieux instincts de sa belle âme. Vous affirmez que du vivant de son fils, M. Stamply ne se souciait même pas de savoir si cette famille existait ; je crois, monsieur, que vous calomniez sa mémoire. Si son fils revenait parmi nous...

— Si son fils revenait parmi vous ! s'écria l'étranger retenant un mouvement de sombre colère. Supposons qu'il revienne en effet, supposons que ce jeune homme n'ait pas été tué, comme on l'a cru, comme on le croit encore ; supposons que, laissé pour mort sur un champ de bataille, ramassé vivant par l'armée ennemie, il se soit vu traîné de steppe en steppe jusqu'au fond de la Sibérie. Après six ans d'une horrible captivité, sur un sol de glace et sous un ciel de fer, libre enfin, il va revoir sa patrie et son vieux père, qui ne l'attend plus. Il part, il traverse à pied les plaines désolées, mendiant gaiement son pain sur sa route, car la France est au bout, et déjà, mirage enchanté, il croit apercevoir le toit paternel fumant au lointain horizon. Il arrive ; son vieux père est mort, son héritage est envahi, il n'a plus ni toit ni foyer. Que fait-il ? Il s'informe, et bientôt il apprend qu'on a profité de son éloignement pour capter l'affection d'un pauvre vieillard crédule et sans défense ; il apprend qu'après l'avoir amené, à force de ruses, à se déposséder, on a payé ses bienfaits de la plus noire ingratitude ; il apprend enfin que son père est mort, plus seul, plus triste, plus abandonné qu'il n'avait vécu. Que fera-t-il alors ? Ce ne sont toujours que des suppositions. Il ira trouver les auteurs de ces basses manœuvres et de ces lâches machinations ; il leur dira : C'est moi, moi que vous croyiez mort, moi le fils de l'homme que vous avez abusé, dépouillé, trahi, laissé mourir d'ennui et de chagrin, c'est moi, Bernard Stamply ! Eux, que répondraient-ils ? Je vous le demande, monsieur le marquis ; je vous le demande, madame la baronne.

— Ce qu'ils répondraient ! s'écria M. de la Seiglière, qui, ayant trop ou trop peu présumé de lui-même en acceptant le rôle que lui avait confié madame de Vaubert, venait de sentir tout son sang de patricien lui monter à la face, vous demandez ce qu'ils répondraient !... ajouta-t-il d'une voix étranglée par l'orgueil et par le courroux.

— Quoi de plus simple, monsieur? dit madame de Vaubert avec une naïveté charmante. Ils lui diraient : — Est-ce vous, jeune ami que nous avons aimé sans vous connaître, que nous avons pleuré comme si nous vous eussions connu? Que béni soit Dieu qui nous rend le fils pour nous consoler de la perte du père! Venez vivre au milieu de nous ; venez vous reposer au sein de nos tendresses des souffrances de la captivité; venez prendre dans notre intimité la place que votre père y occupa trop peu de temps, hélas! enfin, venez juger par vous-même de quelle façon nous pratiquons l'oubli des bienfaits. Confondons nos droits, ne formons qu'une même famille; et que la calomnie, en voyant l'union de nos âmes, soit réduite au silence et respecte notre bonheur. — Voilà, monsieur, ce que répondraient les auteurs de ces basses manœuvres et de ces lâches trahisons. Mais dites, monsieur, parlez, ajouta madame de Vaubert avec émotion : ne comprenez-vous pas qu'en pensant nous effrayer peut-être vous avez éveillé en nous presque un espoir? Ce jeune ami que nous avons pleuré...

— Il vit, répondit l'étranger, et je souhaite pour vous que ce jeune ami ne vous coûte pas plus de larmes que le bruit de sa mort ne vous en a fait verser.

— Où est-il? que fait-il? qu'attend-il? pourquoi ne vient-il pas? demanda coup sur coup la baronne.

— Il est devant vous, répondit simplement Bernard.

— Vous, monsieur, vous! s'écria madame de Vaubert avec une explosion de joie et de surprise qui n'aurait pas été mieux jouée s'il se fût agi de la résurrection de Raoul. En effet, ajouta-t-elle en attachant sur lui un regard attendri, ce sont tous les traits de son père; c'en est surtout l'air franc, loyal et bon. — Marquis, vous le voyez, c'est bien le fils de notre vieil ami.

— Monsieur, dit à son tour M. de la Seiglière, fasciné par le regard de la baronne moins encore que par l'abîme entr'ouvert sous ses pieds, mais trop fier encore et trop gentilhomme pour s'abaisser à feindre des transports qu'il n'éprouvait pas, — lorsque après vingt-cinq ans d'exil je rentrai dans le domaine de mes aïeux, monsieur votre père, qui était un brave homme, me reçut à la porte du parc et me tint ce simple discours : Monsieur le marquis, vous êtes chez vous. Je ne vous en dirai pas davantage, vous êtes chez vous, monsieur Bernard. Veuillez donc regarder cette maison comme la vôtre ; je ne dois pas souffrir, je ne souffrirai pas que vous en habitiez une autre. Vous êtes arrivé avec des intentions hostiles, je ne désespère pas de vous ramener bientôt à des sentiments meilleurs. Commençons par nous connaître, peut-être finirons-nous par nous aimer. La chose me sera facile ; si vous n'y réussissez pas, il ne sera jamais trop tard pour entrer en accommodement, et vous me trouverez toujours disposé à prendre avec vous les arrangements qui pourront vous être agréables.

— Monsieur, répondit Bernard avec hauteur, je ne veux ni vous connaître ni vous aimer. Entre vous et moi il n'y a rien de commun, rien de commun ne saurait exister. Nous ne servons pas le même Dieu ; nous ne desservons pas le même autel. Vous haïssez ce que j'adore, j'adore ce que vous haïssez. Je hais votre parti, votre caste, vos opinions ; je vous hais, vous, personnellement. Nous dormirions mal sous le même toit. Vous serez toujours disposé, dites-vous, à prendre avec moi les arrangements qui pourront m'agréer ; je n'attends rien de votre bonté, n'attendez rien de la mienne. Je ne sais qu'un arrangement possible entre nous : c'est celui qu'a prévu la loi.

Vous n'êtes ici qu'à titre de donataire. Le donateur n'ayant disposé de ses biens qu'avec la conviction que son fils était mort, l'acte de donation en fait foi, — puisque je vis, vous n'êtes plus chez vous, je suis ici chez moi.

— *That is the question,* fredonna M. de la Seiglière, résumant en trois mots tout ce qu'il savait de Shakespeare.

— Ah! s'écria madame de Vaubert avec la tristesse d'une espérance déçue, vous n'êtes pas Bernard; vous n'êtes pas le fils de notre vieil ami!

— Madame la baronne, répliqua brusquement le jeune homme, je ne suis qu'un soldat. Ma jeunesse a commencé dans les camps; elle a fini chez les barbares, au milieu des steppes arides. Les champs de bataille et les huttes glacées du Nord, tels ont été jusqu'à présent les salons que j'ai fréquentés. Je ne sais rien du monde; voilà deux jours, je n'en soupçonnais même pas les détours et les perfidies. Je crois naturellement, sans effort, à l'honneur, à la franchise, au dévouement, à la loyauté, à tous les grands et beaux instincts de l'âme. Eh bien, quoiqu'à cette heure encore mon cœur indigné s'efforce de douter que la ruse, l'astuce et la duplicité puissent être poussées si loin, je ne crois pas, madame, à votre sincérité.

— Eh! monsieur, s'écria madame de Vaubert, vous n'êtes pas le premier noble cœur qui ait cédé aux suggestions des méchants et dont la calomnie ait flétri les saintes croyances ; mais encore, avant de se décider à la haine, faudrait-il s'assurer qu'on ne doit pas, qu'on ne peut pas aimer.

— Tenez, madame, dit Bernard pour en finir, vous devriez comprendre que plus vous déploierez d'habileté, moins vous réussirez à me convaincre. Je conçois maintenant que mon pauvre père se soit laissé prendre à tant de séductions ; il y a eu des instants où vous m'avez fait peur.

— C'est bien de l'honneur pour moi, s'écria madame de Vaubert en riant ; vous n'en avez jamais tant dit des boulets ennemis et des baïonnettes étrangères.

— Oui, oui, ajouta le marquis, on sait que vous êtes un héros.

— Engagé volontaire à dix-huit ans, dit la baronne.

— Lieutenant de hussards à dix-neuf, dit le marquis.

— Chef d'escadron, trois ans plus tard.

— Remarqué par l'empereur à Wagram.

— Décoré de la main du grand homme après l'affaire de Volontina, s'écria madame de Vaubert.

— Ah ! il n'y a pas à dire, ajouta le marquis en enfonçant résolûment ses mains dans les goussets de sa culotte ; il faut reconnaître que c'étaient de gaillards.

— Brisons là, dit Bernard, un instant interdit. Monsieur le marquis, je vous donne huit jours pour évacuer la place. Je veux espérer, pour votre réputation de gentilhomme, que vous ne me mettrez pas dans la pénible nécessité de recourir à l'intervention de la justice.

— Eh bien, moi, j'aime ce garçon ! s'écria franchement le marquis, emporté malgré lui par son aimable et léger caractère, sans être retenu cette fois par madame de Vaubert, qui, comprenant qu'il allait au but, lâcha la bride, et lui permit de caracoler en liberté ; eh bien, ventre-saint-gris ! ce garçon me plaît. Madame la baronne, je vous jure qu'il est charmant. Jeune homme, vous resterez ici. Nous nous haïrons, nous nous exécrerons, nous plaiderons, nous ferons le diable à quatre ; mais, vive Dieu ! nous ne nous quitterons pas. Vous savez l'histoire de ces deux frégates ennemies qui se rencontrèrent en plein Océan. L'une manquait de poudre, l'autre lui en donna ; et toutes deux, après s'être canonnées pendant deux heures, se coulèrent bas l'une l'autre. Ainsi ferons-nous. Vous arrivez de Sibérie ;

je présume qu'en vous laissant partir les Tartares, de peur d'alourdir votre pas et de retarder votre marche, ne vous ont point chargé de roubles. Vous manquez de poudre, je vous en donnerai. Je vous promets de l'agrément. Tandis que nos avoués, nos avocats et nos huissiers s'enverront des bombes et des obus, nous chasserons le renard, nous vivrons en joie, nous boirons le vin de nos caves. Je serai chez vous, et vous serez chez moi. Comme il n'est pas de procès bien mené qui ne puisse durer vingt ans, nous aurons le loisir de nous connaître et de nous apprécier; nous en viendrons peut-être à nous aimer, et, le jour où notre château, notre parc, nos bois, nos champs, nos prés, nos fermes et nos métairies auront passé en frais de justice, ce jour-là, qui sait? nous nous embrasserons.

— Monsieur le marquis, répondit Bernard qui n'avait pu s'empêcher de sourire, je vois avec plaisir que vous prenez gaiement les choses; de votre côté, trouvez bon que je les traite plus sérieusement. Il n'est pas un coin de ces terres que mon père n'ait arrosé de ses sueurs et aussi de ses larmes; il ne convient pas que j'en fasse le théâtre d'une comédie.

A ces mots, après avoir salué froidement, il se dirigea vers la porte. Le marquis fit un geste de désespoir résigné, et madame de Vaubert poussa dans son cœur un rugissement de lionne qui vient de laisser échapper sa proie. Bernard eût emporté le domaine de la Seiglière dans ses poches, que ces deux visages n'auraient pas exprimé plus de consternation. Encore un pas, et tout était dit. Bernard allait ouvrir la porte du salon, quand cette porte s'ouvrit d'elle-même, et mademoiselle de la Seiglière entra.

CHAPITRE VI.

Mademoiselle de la Seiglière entra simplement vêtue, mais royalement parée de sa blonde et blanche beauté. Opulemment tordus derrière la tête, ses cheveux encadraient de nattes et de tresses d'or son visage, que coloraient encore l'animation de la marche et les chauds baisers du soleil. Ses yeux noirs brillaient de cette douce flamme, rayonnement des âmes virginales, qui éclaire et ne brûle pas. Une ceinture bleue, à bouts flottants, rassemblait et serrait autour de sa taille les mille plis d'une robe de mousseline qui enveloppait tout entier son corps élégant et flexible. Un brodequin de coutil vert faisait ressortir la cambrure aristocratique de son pied mince, étroit et long. Un bouquet de fleurs des champs décorait son jeune corsage. Après avoir jeté négligemment sur un fauteuil son chapeau de paille d'Italie, son ombrelle de moire grise, et une touffe de bruyères roses qu'elle venait de cueillir dans une promenade sur la pente des coteaux voisins, elle courut, svelte et légère, à son père d'abord, qu'elle n'avait pas vu de la journée, puis à madame de Vaubert, qui l'embrassa avec effusion. Ce ne fut qu'au bout de quelques instants, en s'échappant des bras de la baronne, qu'Hélène s'aperçut de la présence d'un étranger. Soit embarras, soit curiosité, soit surprise de l'âme et des sens, Bernard s'était arrêté près de la porte, devant l'apparition de cette suave créature; et il était là, debout, immobile, en muette contemplation, se demandant sans doute depuis quand les gazelles vivaient fraternellement avec les renards, et les colombes avec les vautours. Le regard est prompt comme l'éclair; la pensée est plus rapide encore. En moins d'une seconde, madame de Vaubert eut tout vu, tout compris : sa figure s'éclaircit, son front s'illumina.

— Tu ne reconnais pas monsieur ? demanda le marquis à sa fille.

Après avoir examiné Bernard d'un regard inquiet et curieux, Hélène ne répondit que par un mouvement de sa blonde tête.

— C'est pourtant un de tes amis, ajouta le vieux gentilhomme.

Sur un geste de son père, demi-troublée, demi-souriante, mademoiselle de la Seiglière s'avança vers Bernard. Quand cet homme, qui n'avait eu jusqu'à présent aucune révélation de la grâce et de la beauté, et dont la jeunesse, ainsi qu'il l'avait dit lui-même, s'était écoulée dans les camps et chez les barbares, vit venir à lui cette belle et gracieuse enfant, la candeur au front, le sourire sur les lèvres, lui qui vingt fois avait vu la mort sans pâlir, il sentit son cœur défaillir, ses tempes se mouillèrent d'une sueur froide.

— Mademoiselle, dit-il d'une voix altérée, vous me voyez pour la première fois. Cependant, si vous avez connu un infortuné qui s'appela Stamply sur la terre, je ne vous suis pas tout à fait étranger, car vous avez connu mon père.

A ces mots, Hélène attacha sur lui deux grands yeux de biche effarée; puis elle regarda tour à tour le marquis et madame de Vaubert, qui contemplaient cette scène d'un air attendri.

— C'est le petit Bernard, dit le marquis.

— Oui, chère enfant, ajouta la baronne, c'est le fils du bon M. Stamply.

— Monsieur, dit enfin mademoiselle de la Seiglière avec émotion, mon père a eu raison de me demander si je vous reconnaissais. J'ai tant de fois entendu parler de vous, qu'il me semble à présent

que j'aurais dû vous reconnaître en effet. Vous vivez !
c'est une joie pour nous ; voyez, j'en suis toute
tremblante. Et pourtant, joyeuse que je suis, je ne
puis penser sans tristesse à votre père, qui a quitté
ce monde avec l'espoir de vous retrouver dans l'autre ; le ciel a donc aussi ses douleurs et ses déceptions ! Oui, mon père a dit vrai, vous êtes de mes
amis. Vous le voulez, monsieur ? M. Stamply m'aimait et je l'aimais aussi. Il était mon vieux compagnon. Avec lui, je parlais de vous ; avec vous, je
parlerai de lui. — Mon père, a-t-on fait préparer
l'appartement de M. Bernard ? — car vous êtes ici
chez vous.

— Ah bien, oui ! s'écria le marquis : un enragé
qui aimerait mieux aller se loger sous le pont du
Clain que d'habiter et de vivre au milieu de nous !

— Ainsi, monsieur, reprit Hélène d'un ton de
doux reproche, lorsque je suis entrée, vous vous
éloigniez, vous partiez, vous nous fuyiez ! Heureusement, c'est impossible.

— Impossible ! s'écria le marquis ; on voit bien
que tu ne sais pas d'où il vient. Tel que tu le vois,
monsieur arrive de Sibérie. La fréquentation des
Kalmouks l'a rendu difficile sur la qualité de ses relations et sur le choix de ses amitiés. Cela se conçoit,
il ne faut pas lui en vouloir. Et puis, il nous hait, ce

12.

garçon ; ce n'est pas sa faute. Pourquoi nous hait-
il ? Il n'en sait rien, ni moi non plus ; mais il nous
hait, c'est plus fort que lui. On n'est pas maître de
ses sentiments.

— Vous nous haïssez, monsieur ! J'aimais votre
père, vous haïssez le mien ! Vous me haïssez, moi !
Que vous avons-nous fait ? demanda mademoiselle
de la Seiglière d'une voix qui eût amolli un cœur
d'airain et désarmé le courroux d'un Scythe. Monsieur, nous n'avons pas mérité votre haine.

— Qu'est-ce que cela fait, dit le marquis, si c'est
son goût de nous haïr ? Tous les goûts sont dans la
nature. Il prétend que ce parquet lui brûle les pieds,
et qu'il lui serait impossible de fermer l'œil sous ce
toit. Voilà ce que c'est que d'avoir dormi sur des
peaux de rennes, et vécu dans six pieds de neige.
Rien ne vous flatte plus, tout paraît terne et désen-
chanté.

Par une intuition rapide, Hélène crut comprendre
ce qui se passait dans le cœur et dans l'esprit de ce
jeune homme. Elle comprit qu'en restituant les
biens de ses maîtres le vieux Stamply avait dépouillé
son fils, et que celui-ci, victime de la probité de son
père, refusait par orgueil d'en recevoir le prix. Dès
lors, par délicatesse autant que par devoir, elle redoubla de grâce et d'insistance, jusqu'à se départir

de sa réserve habituelle, pour faire oublier à Bernard tout ce que sa position comportait de pénible, de difficile et de périlleux.

— Monsieur, reprit-elle d'un ton d'autorité caressante, vous ne partirez pas. Puisque vous refusez d'être notre hôte, vous serez notre prisonnier. Comment avez-vous pu seulement aborder l'idée que nous vous permettrions de vivre autre part qu'au milieu de nous? Que penserait le monde? que diraient nos amis? Vous ne voudriez pas du même coup affliger nos cœurs et porter atteinte à notre renommée. Songez donc, monsieur, qu'il ne s'agit ici ni d'hospitalité à offrir ni d'hospitalité à recevoir. Nous devons trop à votre père, ajouta l'aimable fille, qui n'en savait rien, mais qui, croyant entrevoir que Bernard hésitait par fierté, voulait ménager ses susceptibilités et faire, pour ainsi dire, un pont d'or à son orgueil, — nous devons trop à votre père pour que vous puissiez nous devoir quelque chose. Nous n'avons rien à vous donner; il ne nous reste qu'à rendre d'une main ce que nous avons reçu de l'autre. Vous accepterez, pour ne pas nous humilier.

— Accepter, lui! s'écria le marquis; il s'en gardera, pardieu, bien! Nous humilier, c'est ce qu'il veut. Tu ne le connais pas : il aimerait mieux se couper le poignet que de mettre sa main dans la nôtre.

La jeune fille déganta sa main droite et la tendit loyalement à Bernard.

— Est-ce vrai, monsieur ? lui dit-elle.

En sentant entre ses doigts brunis par les travaux de la guerre et durcis par les labeurs de la captivité cette peau moite, fine et satinée, Bernard pâlit et tressaillit. Ses yeux se voilèrent, ses jambes se dérobèrent sous lui. Il voulut parler ; sa voix expira sur ses lèvres.

— Vous nous haïssez ? dit Hélène ; c'est une raison de plus pour que vous restiez. Il nous importe surtout que vous ne nous haïssiez pas ; il y va de notre gloire et de notre honneur. Souffrez d'abord que nous tâchions de vous apprendre à nous connaître. Quand nous y aurons réussi, alors, monsieur, vous partirez si vous vous en sentez le courage ; mais d'ici là, je vous le répète, vous êtes en notre pouvoir. Vous avez été six ans le prisonnier des Russes ; vous pouvez bien être un peu le nôtre. C'est donc une perspective si effrayante que celle de se sentir aimé ? Au nom de votre père, qui m'appelait parfois son enfant, vous resterez : je le veux, je l'exige ; au besoin, je vous en prie.

— Elle est charmante ! s'écria madame de Vaubert avec attendrissement.

Elle ajouta tout bas :

— Il est perdu !

Et c'était vrai, Bernard était perdu. L'histoire de ses variations peut se résumer aisément. Ulcéré par le malheur, justement irrité par les poignantes déceptions du retour, exaspéré par la rumeur publique, brûlant de toutes les passions et de toutes les ardeurs politiques du temps, haïssant d'instinct la noblesse, impatient de venger son père, il se présente au château de la Seiglière, sa haine appuyée sur son droit, le cœur et la tête remplis d'orages et de tempêtes, s'attendant à rencontrer une résistance orgueilleuse ; pressentant des prétentions altières, des préjugés hautains, une morgue insolente, et se préparant à broyer tout cela sous l'ouragan de sa colère. Tout d'abord, il manque son effet ; sa haine avorte, sa colère échoue. L'ouragan qui voulait des chênes à briser ne courbe que des roseaux et va se perdre dans les hautes herbes ; la foudre qui comptait bondir de roc en roc et d'écho en écho s'éteint sans bruit dans la vallée, où elle n'éveille que de suaves mélodies. Bernard cherche des ennemis, il ne trouve que des flatteurs. Il essaye encore de loin en loin de lâcher quelques bordées : on lui renvoie ses boulets changés en sucre. Toutefois, échappant aux enchantements d'une Armide émérite, il va se retirer après avoir signifié sa volonté inexorable, lorsque apparaît une autre enchanteresse, d'autant plus séduisante, qu'elle ne songe pas à séduire. Puissance irrésistible, charme éternel et toujours vainqueur, éloquence divine de la jeunesse et de la beauté ! Elle n'a fait que paraître, Bernard est ébranlé. Elle a souri, Bernard est désarmé. C'est un enfant que Dieu doit contempler avec amour. Son front respire la candeur, sa bouche la sincérité ; au fond de son regard limpide, on peut voir son âme épanouie comme une belle fleur sous la transparence des eaux. Jamais le mensonge n'a flétri ces lèvres, jamais la ruse n'a faussé le rayon de ces yeux. Elle parle, et, sans le savoir, l'ange se fait complice du démon. Elle ne dit rien non-seulement qui contrarie, mais encore qui ne confirme ce qui s'est dit précédemment ; il n'est pas une parole d'Hélène qui ne vienne à l'appui d'une parole de madame de Vaubert. La vérité a des accents vainqueurs que l'âme la plus défiante ne saurait méconnaître. C'est la vérité, c'est bien elle qui parle par la voix d'Hélène ; cependant, si Hélène est sincère, madame de Vaubert est sincère, elle aussi ? Bernard hésite. Si c'étaient là pourtant de nobles cœurs calomniés par l'envie ? S'il avait plu à son père d'acheter au prix de toute sa fortune quelques années de joie, de paix et de bonheur, est-ce Bernard qui oserait s'en plaindre ? Oserait-il révoquer un don vo-

lontaire et spontané, légitimé par la reconnaissance ?
Chasserait-il impitoyablement les êtres auxquels son
père aurait dû de vivre entouré de soins et de s'é-
teindre entre des bras amis?

Il en était là de ces réflexions, moins nettes pourtant dans son esprit, moins arrêtées et moins pré-
cises que nous ne venons de les exprimer, quand
madame de Vaubert, qui s'était approchée de lui, profita d'un instant où mademoiselle de la Seiglière
échangeait quelques paroles avec le marquis, pour
lui dire :

— Eh bien, monsieur, à présent vous les connais-
sez tous, les auteurs de ces lâches manœuvres que
vous signaliez tout à l'heure. Que n'accablez-vous
aussi cette enfant de vos mépris et de vos colères ?
Vous voyez bien qu'elle a trempé dans le complot
infâme, et qu'après avoir travaillé à la ruine de votre
père elle s'est entendue avec nous pour le laisser
mourir de chagrin.

A ces paroles de madame de Vaubert, Bernard
frissonna, comme s'il eût senti un serpent s'enrouler
autour de ses jambes; mais presque aussitôt mademoiselle de la Seiglière revenant à lui :

— Monsieur, dit-elle, la mort de votre père m'a
laissé vis-à-vis de vous des devoirs sérieux à remplir.
Je l'ai assisté à son heure suprême ; j'ai reçu ses der-

niers adieux, j'ai recueilli son dernier soupir. C'est
comme un dépôt sacré qui doit passer de mon cœur
dans le vôtre. Venez, peut-être vous sera-t-il doux
d'entendre parler de celui qui n'est plus, le long de
ces allées qu'il aimait et qui sont encore toutes rem-
plies de son image.

Ainsi parlant, mademoiselle de la Seiglière avait
appuyé sa main sur le bras de Bernard, qu'elle em-
mena comme un enfant. Lorsqu'ils se furent éloi-
gnés, le marquis se jeta dans un fauteuil ; et, libre
enfin de toute contrainte, il laissa déborder les flots
de colère et d'indignation qui l'étouffaient depuis
plus d'une heure. Il y avait en lui deux sentiments
ennemis, qui se combattaient avec acharnement,
tour à tour vaincus et vainqueurs, l'égoïsme et l'orgueil de la race. Décidément l'égoïsme était le plus
fort ; mais il ne pouvait triompher sans que l'orgueil
vaincu poussât aussitôt des cris de blaireau pris au
piége. En présence de Bernard, l'égoïsme l'avait
emporté ; Bernard parti, l'orgueil irrité s'arracha
violemment aux étreintes de son rival et reprit bra-
vement le dessus. Il y eut encore une scène de révolte et d'emportement qui fut tout ce qu'il est possible d'imaginer en ce genre de plus puéril et de plus
charmant : qu'on se représente la grâce pétulante
d'un poulain échappé, franchissant haies et barrières,

et bondissant sur les vertes pelouses. Ce ne fut pas sans de nouveaux efforts que madame de Vaubert parvint à le ressaisir, à le ramener et à le maintenir dans le vrai de la situation.

— Voyons, marquis, dit-elle après l'avoir longtemps écouté avec une pitié souriante, cessons ces enfantillages. Vous aurez beau vous mutiner, vous ne changerez rien aux faits accomplis. Ce qui est fait est fait. A vouloir le contraire, Dieu lui-même perdrait sa puissance.

— Comment! s'écria le marquis ; un drôle dont le père a labouré mes champs et dont j'ai vu la mère apporter ici, chaque matin, pendant dix ans, le lait de ses vaches, viendra m'insulter chez moi, et je n'y pourrai rien ! Non-seulement je ne le ferai pas jeter à la porte par mes laquais, mais encore je devrai l'héberger, le fêter, lui sourire et lui mettre ma fille au bras! Un va-nu-pieds qui trente ans plus tôt se fût estimé trop heureux de panser mes chevaux et de les conduire à l'abreuvoir! Avez-vous entendu avec quelle emphase ce fils de bouvier a parlé des sueurs de son père? Quand ils ont dit cela, ils ont tout dit. La sueur du peuple ! la sueur de leurs pères ! Les impertinents et les sots! Comme si leurs pères avaient inventé la sueur et le travail! S'imaginent-ils donc que nos pères ne suaient pas, eux aussi? Pensent-ils qu'on suait moins sous le haubert que sous le sarrau ? Cela m'indigne, madame la baronne, de voir les prétentions de cette canaille qui se figure qu'elle seule travaille et souffre, tandis que les grandes familles n'ont qu'à ouvrir les deux mains pour prendre des châteaux et des terres. Et comment trouvez-vous ce hussard qui vient revendiquer un million de propriétés, sous prétexte que son père a sué ? Voilà les gens qui nous reprochent l'orgueil et la vanité des ancêtres ! Celui-ci réclame insolemment le prix de la sueur de son père, puis il s'étonnera que je tienne au prix du sang de vingt de mes aïeux.

— Eh ! mon Dieu, marquis, vous avez cent fois raison, répliqua madame de Vaubert. Vous avez pour vous le droit ; qui le nie et qui le conteste ? Malheureusement ce hussard a pour lui la loi, la loi mesquine, taquine, hargneuse, bourgeoise en un mot. Encore une fois, vous n'êtes plus chez vous, et ce drôle est ici chez lui ; c'est là ce qu'il vous faut comprendre.

— Eh bien, madame la baronne, s'écria M. de la Seiglière, s'il en est ainsi, mieux vaut la ruine que la honte, mieux vaut abdiquer sa fortune que son honneur. L'exil ne m'effraye pas ; j'en connais le chemin. Je partirai, je m'expatrierai une dernière fois. Je perdrai mes biens, mais je garderai mon nom sans tache. Ma vengeance est toute prête : il n'y aura plus de la Seiglière en France!

— Eh! mon pauvre marquis, la France s'en passera.

— Ventre-saint-gris, madame la baronne! s'écria le marquis, rouge comme un coquelicot. Savez-vous ce que dit un jour à son petit-lever le roi Louis XIV, en apercevant mon trisaïeul au milieu des gentilshommes de sa cour? « Marquis de la Seiglière, dit le roi Louis en lui frappant affectueusement sur l'épaule...

— Marquis de la Seiglière, je vous dis, moi, que vous ne partirez pas, s'écria madame de Vaubert avec fermeté. Vous ne faillirez point du même coup à ce que vous devez à vos aïeux, à ce que vous devez à votre fille, à ce que vous vous devez à vous-même. Vous n'abandonnerez pas lâchement l'héritage de vos ancêtres. Vous resterez, précisément parce qu'il y va de votre honneur. D'ailleurs on ne s'exile plus à notre âge. C'était bon dans la jeunesse, alors que nous avions devant nous l'avenir et un long espoir. Et pourquoi donc partir? ajouta-t-elle d'un air belliqueux. Depuis quand attend-on, pour lever le siége, que la place soit près de se rendre? Depuis quand bat-on en retraite, quand on est sûr de la victoire? Depuis quand quitte-t-on la partie, lorsqu'on est près de la gagner ? Nous triomphons, ne le sentez-vous pas ? Que ce Bernard passe seulement la nuit au château, et demain je réponds du reste.

En cet instant, la baronne, qui se tenait dans l'embrasure d'une fenêtre, aperçut dans la vallée du Clain son fils, qui se dirigeait vers la porte du parc. Laissant le marquis à ses réflexions, elle s'échappa plus légère qu'un faon, arrêta Raoul à la grille, le ramena au castel de Vaubert, et trouva un prétexte plausible pour l'envoyer de là dîner et passer la soirée dans un château voisin.

Cependant Hélène et Bernard allaient à pas lents, la jeune fille suspendue au bras du jeune homme, lui timide et tremblant, elle redoublant de séduction et de grâce. Grâce naïve, séduction facile ! Elle racontait avec une simplicité touchante l'histoire des deux dernières années que le vieux Stamply avait passées sur la terre. Elle disait comment ils en étaient venus à se connaître l'un l'autre et à s'aimer, leurs promenades, leurs excursions, leurs mutuelles confidences, et aussi quelle place avait tenue Bernard dans leurs entretiens. Bernard écoutait en silence ; et, tout en écoutant, il sentait à son bras le corps souple et léger d'Hélène, il regardait ses deux pieds qui marchaient à l'unisson des siens, il respirait son haleine plus suave que les parfums d'automne,

il entendait le frôlement de sa robe plus doux
que le bruit du vent dans la feuillée. Déjà il subissait des influences amollissantes : pareille à ces tiges
élancées le long desquelles la foudre s'échappe et
s'écoule, Hélène lui dérobait le fluide orageux de
sa haine et de sa colère. Vainement essayait-il encore
de se roidir et de se débattre : semblable lui-même à
ce chevalier dont on avait dévissé l'armure, il sentait tomber à chaque pas quelque débris de ses rancunes et de ses préventions. Tout en causant, ils
avaient rabattu sur le château. Le jour baissait ; le
soleil à son déclin allongeait démesurément l'ombre
des peupliers et des chênes. Arrivé au pied du perron, Bernard se disposait à prendre congé de mademoiselle de la Seiglière, quand celle-ci, sans quitter
le bras du jeune homme, l'entraîna doucement dans
le salon où madame de Vaubert avait déjà rejoint le
marquis, tant elle appréhendait de l'abandonner à
ses seules inspirations.

— Vous êtes ému, monsieur, dit-elle aussitôt
s'adressant à Bernard ; comment pourrait-il en être
autrement ? Ce parc fut, pour ainsi dire, le nid de vos
belles années. Enfant, vous avez joué sur ces gazons ;
c'est sous ces ombrages que sont éclos vos premiers
rêves de jeunesse et de gloire. Aussi votre excellent
père en avait-il fait, sur les derniers temps, sa pro-

menade de prédilection, comme si, au détour de chaque allée, il se fût attendu à vous voir apparaître.

— Je le vois encore, dit le marquis, passer le long des boulingrins; avec ses cheveux blancs, ses bas de laine bleue, son gilet de futaine et sa culotte de velours, on l'aurait pris pour un patriarche.

— C'était bien un patriarche, en effet, ajouta madame de Vaubert avec onction.

— Ma foi! s'écria le marquis, patriarche ou non, c'était un brave homme.

— Si bon! si simple! si charmant! reprit madame de Vaubert.

— Et point sot! s'écria le marquis. Avec son air bonhomme, il avait une manière de tourner les choses qui surprenait les gens.

— Aussitôt qu'il paraissait, on s'empressait autour de lui, on faisait cercle pour l'entendre.

— C'était un philosophe. On se demandait, en l'écoutant, où il prenait les choses qu'il disait.

— Il les prenait dans sa belle âme, ajouta madame de Vaubert.

— Et quelle gaillarde humeur! s'écria le marquis emporté, malgré lui, par le courant; toujours gai! toujours content! toujours le petit mot pour rire!

— Oui, dit madame de Vaubert, il avait retrouvé au milieu de nous son humeur souriante, sa gaieté

naturelle et les vertes saillies d'un heureux caractère.
Longtemps altérées par la rouille de l'isolement,
toutes ses aimables qualités avaient repris, dans une
douce intimité, leur éclat primitif et leur fraîcheur
native. Il ne se lassait pas de répéter que nous l'avions rajeuni de trente ans. Dans son langage naïf
et figuré, il se comparait à un vieux tronc ombragé
de pousses nouvelles.

— Il est bien vrai que c'était une douce nature
qu'on ne pouvait connaître sans l'aimer, dit à son
tour Hélène, qui, supposant à son père et à la baronne les délicatesses de son cœur et de son esprit,
s'expliquait ainsi leur empressement autour de Bernard.

— Ah! dame, reprit la baronne, il adorait son
empereur. On n'eût pas été bien venu à le contrarier
sur ce point. Quelle chaleur, quel enthousiasme,
toutes les fois qu'il parlait du grand homme! Il en
parlait souvent, et nous nous plaisions à l'écouter.

— Oui, oui, dit le marquis, il en parlait souvent,
on peut même affirmer qu'il en parlait très-souvent.
Que voulez-vous? ajouta-t-il foudroyé par un regard de madame de Vaubert et se reprenant aussitôt,
ça lui faisait plaisir, à ce bonhomme, et c'était tout
profit pour nous. Vive Dieu! monsieur Bernard,
monsieur votre père peut se flatter là-haut de nous

avoir procuré ici-bas de bien agréables moments.

La conversation en était là, sans que Bernard eût pu placer un mot, lorsqu'un laquais vint annoncer que M. le marquis était servi. M. de la Seiglière offrit son bras à la baronne. Hélène prit le bras du jeune homme, et tous quatre passèrent dans la salle à manger. Cela s'était fait si promptement, si naturellement, que Bernard ne comprit de quoi il s'agissait qu'en se voyant, comme par enchantement, assis auprès d'Hélène, à la table du gentilhomme. Le marquis ne l'avait même pas invité; et Bernard eût été depuis six mois l'hôte et le commensal du logis, que les choses n'auraient pu se passer sans moins de façon ni de cérémonie. Il voulut se lever et s'enfuir; mais la jeune fille lui dit:

— Ce fut longtemps la place de votre père; ce sera désormais la vôtre.

— Rien n'est changé ici, ajouta le marquis; il n'y a qu'un enfant de plus dans la maison.

— Touchant accord! charmante réunion! murmura madame de Vaubert.

Ne sachant s'il veillait ou s'il était le jouet d'un songe, Bernard déploya brusquement sa serviette, et resta rivé sur sa chaise.

Dès le premier service, le marquis et la baronne entamèrent l'entretien sans avoir l'air de s'apercevoir de la présence d'un convive de plus, absolument comme si Bernard n'eût pas été là, ou plutôt comme si, de tout temps, il eût fait partie de la famille. Bernard était silencieux, ne buvait que du bout des lèvres et touchait à peine aux mets qu'on lui servait. On ne le sollicita point ; on feignit même de ne pas remarquer son attitude sombre, pensive et réservée. Ainsi qu'il arrive au début de tous les repas, la conversation roula d'abord sur des objets indifférents : quelques mots échangés çà et là, point d'allusion à la situation présente ; tout au plus, de temps à autre, un hommage indirect à la mémoire du bon M. Stamply. De banalités en vulgarités, on en vint naturellement à parler de la politique du jour. A certains mots qui échappèrent au marquis, Bernard commença de dresser les oreilles : quelques traits partirent de droite et de gauche ; bref, la discussion s'engagea. Madame de Vaubert en saisit aussitôt les rênes, et jamais automédon conduisant un quadrige et faisant voler la poussière olympique ne déploya autant de dextérité qu'en cette occasion la baronne. Le terrain était difficile, creusé d'abîmes, hérissé d'aspérités, traversé d'échaliers et d'ornières ; au premier bond, le marquis courait risque de se rompre le cou. Elle en sut faire une route aussi droite, unie et sablée que l'avenue d'un château royal ; elle tourna tous les obstacles, contint la fougue étourdie du marquis, aiguillonna Bernard sans l'irriter, les lança l'un et l'autre tour à tour au trot, au galop, au pas relevé ; puis, après les avoir fait manœuvrer, pirouetter, se cabrer et caracoler, de façon toutefois à laisser à Bernard les honneurs de la joute, elle rassembla les guides, serra le double mors, et les ramena tous deux fraternellement au point d'où ils étaient partis. Insensiblement Bernard avait pris goût au jeu. Échauffé par cet exercice, entraîné malgré lui par la bonne humeur du marquis, il montra moins de roideur, plus d'abandon ; et lorsqu'au dessert le gentilhomme dit en lui versant à boire :

— Monsieur, voici d'un petit vin que monsieur votre père ne méprisait pas ; je prétends que nous vidions nos verres à sa mémoire et à votre heureux retour.

Machinalement, Bernard leva son verre, qui toucha celui du marquis.

Le repas achevé, on se leva de table pour aller faire un tour de parc. La soirée était belle. Hélène et Bernard marchaient l'un près de l'autre, précédés du marquis et de la baronne qui causaient entre eux, et dont la voix se perdait dans le bruit de l'eau et dans le murmure du feuillage. L'un et l'autre étaient silencieux et comme absorbés par le bruissement des feuilles desséchées que leurs pieds soulevaient en marchant. Quand le marquis et sa compagne disparaissaient au tournant d'une allée, les deux jeunes gens pouvaient croire un instant qu'ils erraient seuls dans le parc désert, à la sombre clarté des étoiles. Plus pure et plus sereine que l'azur du ciel qui étincelait au-dessus de leurs têtes, mademoiselle de la Seiglière ne ressentait aucun émoi, et continuait d'aller d'un pas lent, rêveur et distrait ; tandis que Bernard, plus pâle que la lune qui se montrait derrière les aunes, plus tremblant que les brins d'herbe qu'agitait le vent de la nuit, s'enivrait, à son insu, du premier trouble de son cœur. De retour au salon, la conversation reprit son cours autour d'un de ces feux clairs qui égayent les soirées d'automne. Le sarment petillait dans l'âtre, les brises imprégnées de la senteur des bois lutinaient follement les rideaux de la fenêtre ouverte. Commodément assis dans un fauteuil moelleux, non loin d'Hélène qui s'occupait, à la lueur d'une lampe, d'un ouvrage de tapisserie, Bernard subissait, sans chercher à s'en rendre compte, le charme de cet intérieur de famille. De temps en temps, le marquis se levait, puis venait se rasseoir après avoir baisé sa fille au front. D'autres fois, c'était l'aimable enfant qui regardait son père avec amour. Bernard s'oubliait dans la contemplation de ces chastes joies. Cependant on voulut savoir l'histoire de sa captivité ; M. de la Seiglière et sa fille joignirent leurs instances à celles de la baronne. Il est doux de parler de soi et de raconter les maux qu'on a soufferts, surtout quand on a bien dîné, et qu'on suspend, pour ainsi dire, à ses lèvres quelque Didon ou quelque Desdémone palpitante, curieuse, le regard ému et le sein agité. Bernard donna d'autant plus aisément dans le piége, qu'Hélène y jouait, sans s'en douter, le rôle de l'alouette captive chargée d'attirer la gent emplumée dans les lacets de l'oiseleur. Il raconta d'abord l'affaire de la Moskowa. Il indiqua à grands traits le plan des lieux, les mouvements du terrain, la disposition respective des deux armées; puis il engagea la bataille. Il avait commencé sur un ton grave et simple; exalté par ses souvenirs, emporté par sa propre parole comme par des ailes de flamme, ses yeux s'animèrent peu à peu, sa voix retentit bientôt comme un clairon. On respira l'odeur de la poudre, on entendit le sifflement des balles, on vit les bataillons s'ébranler et se ruer à travers la mitraille, jusqu'au moment où, frappé lui-même en tête de son escadron, il tomba sans vie sous les pieds des chevaux, sur le sol jonché de cadavres. Ainsi parlant, il était beau; mademoiselle de la Seiglière avait laissé échapper son aiguille, et, le col tendu, sans haleine, elle écoutait et contemplait Bernard avec un sentiment de naïve admiration.

— C'est un poëte qui chante les exploits d'un héros! s'écria madame de Vaubert avec enthousiasme.

— Monsieur, ajouta le marquis, vous pouvez vous flatter d'avoir vu la mort de près. Quelle bataille ! j'en rêverai la nuit. Il paraît que vous n'y alliez pas de main morte ; mais aussi que diable votre empereur allait-il faire dans cette maudite Russie ?

— Il avait son idée, répliqua fièrement Bernard ; cela ne nous regarde pas.

Ensuite, il dit de quelle façon il s'était réveillé prisonnier, et comment de prisonnier il était devenu esclave. Il raconta simplement, sans emphase et sans exagération, son séjour au fond de la Sibérie, six années de servitude au milieu de peuplades sauvages, plus cruelles encore, plus impitoyables que leur ciel et leur climat ; tout ce qu'il avait enduré, la faim, le froid, les durs travaux, les traitements barbares, il dit tout ; et plus d'une fois, pendant ce funeste récit, une larme furtive glissa sous les paupières d'Hélène, brilla, comme une goutte de rosée, à ses cils abaissés, et roula en perle liquide sur l'ouvrage de tapisserie que la jeune fille avait repris sans doute pour cacher son émotion.

— Noble jeune homme! dit madame de Vaubert en portant son mouchoir à ses yeux, était-ce là le prix réservé à votre héroïque courage?

— Ventre-saint-gris! monsieur, dit le marquis, vous devez être criblé de rhumatismes.

— Ainsi toute gloire s'expie, reprit la baronne avec mélancolie; ainsi, trop souvent, les branches de laurier se changent en palmes du martyre. Pauvre jeune ami, que vous avez souffert! ajouta-t-elle en lui pressant la main par un mouvement de vive sympathie.

— Monsieur, dit le marquis, je vous prédis que, sur vos vieux jours, vous serez mangé de goutte.

— Après tant de traverses et de misères, qu'il doit être doux, s'écria madame de Vaubert, de se reposer au sein d'une famille empressée, entouré de visages amis, appuyé sur des cœurs fidèles! Heureux l'exilé qui, de retour sur le sol natal, ne trouve pas sa cour silencieuse, sa maison vide, son foyer froid et solitaire!

— Une goutte de Sibérie! s'écria le marquis en se frottant le mollet; en voici une qui, pour ne venir que du fond de l'Allemagne, a déjà bien son prix.

Monsieur, je vous plains. Une goutte de Sibérie !
vous n'en avez pas fini avec les Cosaques.

Les dernières paroles de madame de Vaubert
avaient rappelé brusquement le jeune homme aux
exigences de sa position. Onze heures venaient de
sonner à la pendule d'écaille incrustée de cuivre qui
ornait le marbre de la cheminée. Honteux de ses faiblesses, Bernard se leva ; et, cette fois enfin, il allait
se retirer, ne sachant plus que résoudre, mais comprenant encore, au milieu de ses incertitudes, que ce
n'était point là sa place, quand, le marquis ayant tiré
un ruban de moire qui pendait le long de la glace, la
porte du salon s'ouvrit, et un valet parut sur le seuil,
armé d'un flambeau à deux branches chargées de
bougies allumées.

— Germain, dit le marquis, conduisez monsieur
dans ses appartements. Ce sont les appartements,
ajouta-t-il en s'adressant à Bernard, qu'occupa longtemps monsieur votre père.

— C'est vraiment mal à nous, monsieur, s'écria
madame de Vaubert, d'avoir si longtemps prolongé
votre veille. Nous aurions dû nous rappeler que vous
avez besoin de repos ; mais nous étions si heureux de
vous voir et si ravis de vous entendre ! Pardonnez
une indiscrétion qui n'a d'autre excuse que le charme
de vos récits.

— Dormez bien, monsieur, dit le marquis ; dix heures de sommeil vous remettront de vos fatigues. Demain, au saut du lit, nous irons battre nos bruyères et tirer quelques lapereaux. Vous devez aimer la chasse : elle est l'image de la guerre.

— Monsieur, dit mademoiselle de la Seiglière encore toute tremblante, n'oubliez pas que vous êtes chez vous d'abord, puis chez des amis qui se feront une joie autant qu'un devoir de guérir votre cœur, et d'effacer en lui jusqu'au souvenir de tant de mauvais jours. Mon père essayera de vous rendre l'affection de celui que vous avez perdu, et moi, si vous le voulez, je serai pour vous une sœur.

— Si vous aimez la chasse, s'écria le marquis, je vous en promets de royales.

— D'impériales même, dit la baronne l'interrompant.

— Oui, reprit le marquis, d'impériales. Chasse à pied, chasse à courre, chasse au lévrier, chasse aux chiens courants ! Vive Dieu ! si vous traitez les renards comme les Autrichiens, et les sangliers comme les Russes, je plains les hôtes de nos bois.

— J'espère bien, monsieur, ajouta madame de Vaubert, avoir le plaisir de vous recevoir souvent dans mon petit manoir. Votre digne père, qui m'honorait de son amitié, se plaisait à ma table et à mon foyer. Venez parler de lui à cette même place où tant de fois il a parlé de vous.

— Allons, monsieur Bernard, bonsoir et bonne nuit! dit le marquis en le saluant de la main; que monsieur votre père vous envoie de là-haut de doux rêves!

— Adieu, monsieur Bernard, reprit la baronne avec un affectueux sourire; endormez-vous dans la pensée que vous n'êtes plus seul au monde.

— A demain, monsieur Bernard, dit à son tour Hélène; c'est le mot que votre excellent père et moi nous échangions le soir en nous quittant.

Ébloui, étourdi, entraîné, fasciné, enlacé, pris par tous les bouts, Bernard fit un geste qui voulait dire : à la grâce de Dieu! puis, après s'être incliné respectueusement devant mademoiselle de la Seiglière, il sortit, précédé de Germain, qui le conduisit dans l'appartement le plus riche et le plus somptueux du château. C'était, en effet, celui que le pauvre vieux gueux avait quelque temps habité avant qu'on l'eût relégué comme un lépreux dans la partie la plus retirée et la plus isolée du logis; seulement, on l'avait depuis lors singulièrement embelli, et, ce jour même, on s'était empressé de l'approprier à la circonstance. Quand Bernard entra, la flamme joyeuse du foyer faisait étinceler les moulures dorées du plafond et les baguettes de cuivre qui bordaient et encadraient la tenture de velours vert sombre. Un tapis d'Aubusson jonchait le parquet de fleurs si fraîches et si brillantes, qu'on les eût dites cueillies nouvellement dans les prairies d'alentour et semées là par la main d'une fée bienveillante. Bernard, qui depuis dix ans n'avait dormi que sur des lits de camp, sur la neige, sur des peaux de loup, et dans des draps d'auberge, ne put se défendre d'un sentiment de joie indicible en apercevant, sous l'édredon amoncelé, la toile blanche et fine d'un lit qui s'élevait, comme le trône du sommeil, au fond d'une alcôve, réduit mystérieux formé de draperies pareilles à la tenture. Toutes les recherches du luxe, toutes les élégances, toutes les commodités de la vie, étaient réunies autour de lui et semblaient lui sourire. Une sollicitude ingénieuse avait tout prévu, tout calculé, tout deviné. L'hospitalité a des délicatesses qui échappent rarement à la pauvreté, mais qu'on ne trouve pas toujours chez les hôtes les plus magnifiques; rien ne manquait à celle-ci, ni l'esprit, ni la grâce, ni la coquetterie, plus rare que la magnificence. Quand Germain se fut retiré après avoir tout préparé pour le coucher de son nouveau maître, Bernard éprouva un plaisir d'enfant à examiner et à toucher les mille petits objets de toilette dont il avait oublié l'usage.

Nous n'oserions dire, par exemple, dans quels ravissements le plongèrent la vue des flacons d'eau de Portugal et la senteur des savons parfumés. Il faut avoir passé six ans chez les Tartares pour comprendre ces puérilités. De chaque côté de la glace, à demi cachés par des touffes d'asters, de dahlias et de chrysanthèmes épanouis dans des vases pansus du Japon, reluisaient des poignards, des pistolets damasquinés, diamants et bijoux des guerriers. Sur un coin de la cheminée, une coupe d'un travail précieux regorgeait de pièces d'or, comme oubliées là par mégarde. Bernard ne s'arrêta ni devant l'or, ni devant les fleurs, ni même devant les armes. En rôdant autour de la chambre, il tomba en extase devant un plateau de vermeil, chargé de cigares que madame de Vaubert avait envoyé chercher à la ville, chez un vieil armateur de ses amis : attention hospitalière qui n'aurait aujourd'hui rien que de simple et de banal, mais qui pouvait passer alors pour un trait d'audace et de génie. Il en prit un, l'alluma à la flamme d'une bougie ; puis, étendu mollement dans une bergère, enveloppé d'une robe de chambre de cachemire, les pieds dans des babouches turques, il pensa d'abord à son père, à l'étrangeté de sa destinée, à la tournure imprévue qu'avaient prise en ce jour les événements, au parti qu'il lui restait à choisir. Brisé par la fatigue, le front brûlant, la paupière alourdie, bientôt ses idées se troublèrent et se confondirent. Dans cet état d'assoupissement, qu'on pourrait appeler le crépuscule de l'intelligence, il crut voir la fumée de son cigare s'animer et former au-dessus de sa tête des groupes fantastiques. C'étaient tantôt son vieux père et sa vieille mère qui montaient au ciel, assis sur un nuage; tantôt son empereur, debout sur un rocher, les bras croisés sur sa poitrine; tantôt la baronne et le marquis se tenant par la main et dansant une sarabande; tantôt et plus souvent, une figure svelte et gracieuse qui se penchait vers lui et le regardait en souriant. Son cigare achevé, il se jeta au lit, se roula dans la plume, et s'endormit d'un profond sommeil.

Soit lassitude, soit besoin de recueillement, mademoiselle de la Seiglière avait quitté le salon presque en même temps que Bernard. Demeurés seuls au coin du feu, la baronne et le marquis se regardèrent un instant l'un l'autre en silence.

— Eh bien, marquis, dit enfin la baronne, il est gentil le petit Bernard! Le père sentait l'étable, le fils sent le corps de garde.

— Le malheureux! s'écria le marquis arrivé au dernier paroxysme de l'exaspération; j'ai cru qu'il n'en finirait pas avec sa bataille de la Moskowa. La bataille de la Moskowa, ne voilà-t-il pas une belle affaire! Qu'est-ce que c'est que ça? qui connaît ça? qui parle de ça? Je n'ai jamais fait la guerre; mais si je la faisais jamais... par l'épée de mes aïeux! madame la baronne, ce serait une autre paire de manches. Tout le monde y passerait; je ne voudrais même pas qu'il en revînt un invalide. La bataille de la Moskowa! Et ce faquin qui se donne des airs d'un César et d'un Alexandre! Les voilà pourtant, ces héros! voilà ces fameuses rencontres dont M. de Buonaparte a fait si grand bruit, et que les ennemis de la monarchie font encore sonner si haut! Il se trouve qu'en résumé c'étaient de petits exercices hygiéniques et sanitaires; les morts se ramassaient eux-mêmes, et les tués ne s'en portent que mieux. Vive Dieu! quand nous nous en mêlons, nous autres, les choses se passent autrement; quand un gentilhomme tombe, c'est pour ne plus se relever. Mais ne fût-on qu'un manant, ne fût-on qu'un vilain, ne fût-on qu'un Stamply, lorsqu'on s'est fait tuer pour le service de la France, que diable! c'est le moins qu'on ne vienne pas soi-même le raconter aux gens. S'il avait seulement pour deux sous de cœur, ce garnement rougirait de se sentir en vie, et il irait se jeter, tête baissée, dans la rivière.

— Que voulez-vous, marquis, ça ne sait pas vivre, dit madame de Vaubert en souriant.

— Qu'il vive donc, mais qu'il se cache! Cache ta vie, a dit le Sage. S'il aimait la gloire, comme il le prétend, n'aurait-il pas préféré continuer de passer pour mort au champ d'honneur, plutôt que de venir ici traîner ses guêtres, sa honte et sa misère? Que ne restait-il en Sibérie? Il était bien là-bas; il y avait ses habitudes. Ce douillet se plaint du climat: ne dirait-on pas qu'il est né dans la ouate et qu'il a grandi en serre chaude? Les Cosaques sont de braves gens, de mœurs douces et hospitalières. Il les appelle des barbares. Obligez donc ces va-nu-pieds! sauvez-leur la vie! recueillez-les chez vous! faites-leur un sort agréable! Voilà la reconnaissance que vous en retirez: ils vous traitent de cannibales. Je jurerais, quoi qu'il en dise, qu'il était là comme un coq en pâte; mais ces vauriens ne savent se tenir nulle part. Et puis ça vient vous parler de patrie, de liberté, de sol natal, de toit paternel qui fume à l'horizon! grands mots qu'ils mettent en avant pour justifier leurs désordres et voiler leur inconduite.

— La patrie, la liberté, le toit paternel, le tout assaisonné d'un million d'héritage; il faut pourtant convenir, ajouta madame de Vaubert, que, sans être précisément un sacripant, on peut quitter pour moins les bords fleuris du Don et l'intimité des Baskirs.

— Un héritage d'un million ! s'écria le marquis : où diable voulez-vous qu'il le prenne ?

— Dans votre poche, répliqua la baronne découragée d'avoir toujours à courir après lui pour le ramener forcément dans le cercle de la question.

— Ah çà ! s'écria M. de la Seiglière, mais c'est donc un homme dangereux, ce Bernard ! S'il me pousse à bout, madame la baronne, on ne sait pas de quoi je suis capable : je le traînerai devant les tribunaux.

— Bien ! dit la baronne, vous lui éviterez ainsi l'ennui de vous y traîner lui-même. De grâce, marquis, ne recommençons pas. La réalité vous enveloppe et vous presse de toutes parts. Puisque vous ne pouvez pas lui échapper, osez la regarder en face. Qu'a-t-elle donc à cette heure qui puisse tant vous effrayer ? Bernard est en cage ; le lion est muselé ; vous tenez votre proie.

— Elle est jolie, ma proie... Pour Dieu ! dites-moi, je vous prie, ce que vous voulez que j'en fasse ?

— Le temps vous l'apprendra. Ce matin, il s'agissait d'installer l'ennemi dans la place : c'est fait. Il s'agit maintenant de l'en expulser : ça se fera.

— En attendant, dit le marquis, nous allons en manger, de la Sibérie, de la mitraille et de la Moskowa ! Nous allons en avaler, des lames de sabre fricassées dans la neige et des biscaïens accommodés aux frimas ! Et puis, madame la baronne, ne vous paraît-il pas que je joue ici un vilain rôle et un rôle de vilain? Ventre-saint-gris ! je jure comme Henri IV, mais il me semble que je vais m'y prendre autrement que le Béarnais pour reconquérir mon royaume.

— Croyez-vous donc, répliqua madame de Vaubert, que le courage ne procède qu'à coups d'arquebuse, et que les grandes actions ne s'accomplissent qu'à la pointe du glaive ? Si la France n'a pas été divisée en ces derniers temps, partagée et tirée au sort comme les vêtements du Christ, à qui le doit-elle ? En habit brodé, en escarpins et en bas de soie, la jambe droite appuyée sur la gauche, la main passée dans le jabot de sa chemise, M. de Talleyrand a plus fait pour la France que toute cette racaille en culotte de peau, qui s'appelait la vieille garde, et qui pourtant n'a su rien garder. Pensez-vous, par exemple, n'avoir pas déployé, en ce jour qui s'achève, cent fois plus de génie que n'en montra le Béarnais à la bataille d'Ivry ? Secouer son panache blanc en guise de drapeau, frapper d'estoc et de taille, joncher le sol de morts et de mourants, ne voilà-t-il pas quelque chose de bien difficile ! Ce qui est vraiment glorieux, c'est de triompher sur ce champ de bataille qui s'appelle la vie. Souffrez qu'à ce propos je vous adresse mes compliments. Vous avez eu le sang-froid d'un héros, l'esprit d'un démon et la grâce d'un ange. Tenez, marquis, passez-moi le mot, vous avez été adorable.

— Il est sûr, dit le marquis en passant sa jambe droite sur la gauche et en jouant du bout des doigts avec son jabot de dentelle, il est certain que ce malheureux n'y a vu que du feu.

— Ah! marquis, comme vous l'avez assoupli! D'un gantelet de fer vous avez fait un gant de peau de Suède. Je vous savais brave et vaillant; mais je dois avouer que j'étais loin de soupçonner en vous une si merveilleuse souplesse. Il est beau d'être le chêne et de savoir plier comme le roseau. Marquis de la Seiglière, le prince de Bénévent a pris votre place au congrès de Vienne.

— Vous croyez, baronne? demanda M. de la Seiglière en se caressant le menton.

— D'un coup de pouce, vous auriez courbé l'arc de Nemrod, dit en souriant madame de Vaubert. Vous apprivoiseriez des tigres, vous amèneriez des panthères à venir manger dans votre main.

— Que voulez-vous? c'est l'histoire de toutes ces petites gens. De loin, ça ne parle que de nous dévorer; daignons leur sourire, ça tombe et ça rampe à nos pieds. C'est égal, madame la baronne, je ne suis point encore d'âge à jouer le rôle de don Diègue; si ce drôle était gentilhomme, je me souviens encore des leçons de Saint-George.

— Marquis, répliqua fièrement madame de Vaubert, si ce drôle était gentilhomme, et que vous fussiez don Diègue, vous n'iriez pas loin pour rencontrer Rodrigue.

En ce moment, Raoul entrait, ganté, frisé, tiré à quatre épingles, la paupière clignotante, la bouche épanouie, le visage frais et rosé, aussi irréprochable des pieds à la tête que s'il sortait d'une bonbonnière. Il venait chercher sa mère pour la ramener à Vaubert, et sans doute aussi dans l'espoir de faire sa cour à mademoiselle de la Seiglière, qu'il n'avait pas vue depuis la veille. Le marquis et la baronne arrêtèrent sur lui avec complaisance leurs regards rafraîchis et charmés : ce fut pour eux comme l'entrée d'un pur sang limousin dans un hippodrome encore tout souillé par l'intrusion d'un mulet normand. Il était tard ; la journée touchait à sa fin ; les deux aiguilles de la pendule étaient près de se joindre sur l'émail de la douzième heure. Après avoir tendu sa main au marquis, madame de Vaubert se retira appuyée sur le bras de son fils, qu'elle se réservait d'instruire en temps et lieu des événements à jamais mémorables qui venaient de remplir ce grand jour.

Une heure après, tout reposait sur les deux bords du Clain. M. de la Seiglière, qui s'était endormi sous le coup des émotions violentes qu'il venait d'essuyer, rêvait qu'une innombrable quantité de hussards, tous tués à la bataille de la Moskowa, se partageaient silencieusement ses domaines : il les voyait s'enfuir au galop, emportant chacun son lot sur la croupe de son cheval, qui un champ, qui un pré, qui une ferme ; Bernard galopait en avant avec le parc dans sa valise et le château dans un de ses arçons. N'ayant plus sous les pieds un seul morceau de terre, le marquis éperdu se sentait rouler dans l'espace, comme une comète, et cherchait vainement à se raccrocher aux étoiles. Madame de Vaubert rêvait de son côté, et son rêve ressemblait fort à un apologue bien connu. Elle voyait une jeune et belle créature, assise sur une fine pelouse, avec un lion énorme amoureusement couché auprès d'elle, une patte sur ses genoux, tandis qu'une troupe de valets, armés de fourches et de bâtons, observait ce qui se passait, cachée derrière un massif de chênes. La jeune fille soutenait d'une main la patte au fauve pelage, et de l'autre, avec une paire de ciseaux, elle rognait les griffes, qui s'allongeaient docilement sous le velours. Quand chaque patte avait subi la même opération, la belle enfant tirait de sa poche une lime au manche d'ivoire ; et, prenant entre ses bras la tête à la blonde crinière, elle relevait d'une main délicate les épaisses et lourdes babines, de l'autre elle limait gentiment une double rangée de dents formidables. Si parfois le patient poussait un rugissement sourd, elle l'apaisait aussitôt en le flattant du geste ou de la voix. Cette seconde opération achevée, quand le lion n'avait plus ni crocs ni ongles, la jeune fille se levait ; et les valets, sortant de leur cachette, couraient à la bête, qui détalait sans résister, la queue serrée et l'oreille basse. Bernard rêvait, lui, qu'au milieu d'un champ de neige, sous un ciel de glace bleuâtre, il voyait tout d'un coup surgir un beau lis qui parfumait l'air ; comme il s'approchait pour le cueillir, la royale fleur se changeait en une fée aux yeux d'ébène et aux cheveux d'or, qui l'enlevait à travers les nuages et le déposait sur des rives charmantes où régnait un printemps éternel. Enfin, Raoul rêvait qu'il était au soir de ses noces : au moment d'ouvrir le bal avec la jeune baronne de Vaubert, il découvrit avec stupeur qu'il avait mis sa cravate à l'envers.

CHAPITRE VII.

Mademoiselle de la Seiglière veillait seule. Accoudée sur l'appui d'une fenêtre ouverte, le front appuyé sur sa main, dont les doigts se perdaient sous les nattes de sa chevelure, elle écoutait d'un air distrait les confuses rumeurs qui montaient des champs endormis, concert de l'eau, du feuillage et des brises, nocturne de la création, langage harmonieux des nuits étoilées et sereines. A toutes ces voix et à tous ces murmures, mademoiselle de la Seiglière mêlait les premiers tressaillements d'un cœur où la vie commençait à se révéler. Il se faisait en elle comme un bruit de source cachée, près de sourdre, soulevant déjà la mousse et le gazon qui la couvrent. Hélène avait été élevée dans un monde gracieux, élégant et poli, mais peu accidenté, froid, correct, compassé, nous n'avons pas dit ennuyeux. Ses entretiens avec le vieux Stamply, les lettres de Bernard, l'image et le souvenir d'un mort qu'elle n'avait jamais connu, avaient été tout le poëme de sa jeunesse. A force d'entendre parler de sa mort, à force de lire et relire ces lettres qui respiraient toutes une adorable piété filiale unie aux exaltations de la gloire, lettres d'enfant autant que de héros, caressantes et chevaleresques, toutes écrites dans l'ivresse du triomphe, le lendemain d'un jour de combat, elle en était venue à se prendre pour lui de cette poétique affection qui s'attache à la mémoire des jeunes amis moissonnés avant l'âge. Peu à peu, ce sentiment étrange avait germé et s'était épanoui dans son sein comme une fleur mystérieuse. Comment se serait-elle défiée d'un rêve dont elle n'avait jamais entrevu la réalité? comment aurait-elle pu s'effaroucher d'une ombre dont le corps dormait au tombeau? Parfois elle emportait ces lettres dans ses excursions, comme elle aurait pu faire d'un livre aimé; ce matin même, sur la pente des coteaux, assise sous un bouquet de trembles, elle en avait relu la plus touchante, celle dans laquelle Bernard envoyait à son vieux père le premier bout de ruban rouge qui avait brillé sur sa poitrine. Le bout de ruban s'y trouvait encore, terni par la fumée de la poudre et par les baisers du vieux Stamply. Hélène n'avait pu s'empêcher de songer que cela valait bien, à tout prendre, les œillets, les roses ou les camellias que M. de Vaubert portait toujours à sa boutonnière.

Elle était revenue la tête et l'esprit tout remplis
d'expressions de flamme ; et de retour au château, à
peine entrée dans le salon, on lui avait montré Bernard, Bernard ressuscité, Bernard debout et vivant
devant elle. C'était plus qu'il n'en fallait à coup sûr
pour surprendre vivement une imagination oisive,
qui ne s'était jusqu'à présent exaltée que pour des
chimères. L'apparition miraculeuse de ce jeune
homme, qui ne ressemblait à rien de ce qu'elle avait
vu jusqu'alors, et qui ne répondait pas trop mal au
type qu'elle s'en était formé confusément, la position
de ce fils qu'elle croyait déshérité par la probité de
son père, son air triste et grave, son attitude digne
et fière, le belliqueux éclat de son front et de son
regard, ce qu'il avait enduré et souffert, enfin tous
les détails de cette étrange journée avaient produit
sur la belle enfant une impression romanesque et
profonde. Trop loin de soupçonner ce qui se passait en elle pour pouvoir s'en alarmer, mademoiselle de la Seiglière s'abandonnait sans trouble aux
sensations qui affluaient à son cœur comme les flots
d'une nouvelle vie. Cependant elle comprit que,
puisque Bernard vivait, elle n'avait plus le droit de
garder les lettres que le vieux Stamply lui avait confiées à son lit de mort. Près de s'en séparer, son
cœur se serra ; elle les prit toutes une à une, les re-

lut toutes une dernière fois ; puis elle les glissa sous une même enveloppe, après avoir dit un silencieux adieu à ces amies de sa solitude, à ces compagnes de son désœuvrement. Cela fait, la jeune fille revint au balcon ; elle y resta quelque temps encore à regarder les étoiles qui scintillaient au ciel, la blanche vapeur qui traçait dans l'air le cours invisible du Clain, et la lune pareille à un disque de cuivre dont l'horizon rongeait les bords.

Quoiqu'il fît jour depuis plusieurs heures, Bernard se réveilla dans l'obscurité ; seulement un rayon de soleil, venant on ne sait d'où, coupait en deux l'appartement par une bande lumineuse dans laquelle tournoyait follement un essaim de petites mouches mêlées à un million d'atomes, poussière d'or dans un sillon de feu. Après être resté quelques instants plongé dans cet état de bien-être et de nonchalance qui n'est ni la veille ni le sommeil, tout à coup, au mugissement sourd de la réalité qui commençait à lui arriver comme le bruit de la marée montante, il se dressa sur son séant, prêta l'oreille, et promena autour de lui un regard étonné. Le bruit se rapprochait, la marée montait toujours. Inquiet, éperdu, il se jeta à bas du lit, tira les rideaux, ouvrit les volets ; et, l'esprit et les yeux illuminés en même temps, il vit c'air à la fois dans sa chambre et dans sa destinée. L'aigle qui, apres s'être endormi dans son aire, se réveille sur un perchoir, dans une cage de ménagerie, n'éprouve pas un sentiment de rage et de stupeur plus sombre ni plus terrible que ne le fut celui de Bernard au souvenir de ce qui s'était passé la veille. Il se pressa le front avec désespoir, et se prodigua les noms de lâche, de parjure et d'infâme. Il fut tenté de jeter par la fenêtre les vases du Japon, la coupe aux pièces d'or, les babouches turques, le plateau de cigares, et de consommer l'expiation en se précipitant lui-même. Il voulut aller tordre le col à la baronne ; il chercha quel châtiment il infligerait au marquis ; Hélène elle-même ne trouva point grâce devant sa colère. Immobile devant une glace, il se demandait si c'était bien son image qu'il y voyait se refléter. Était-ce donc lui, en effet ? Traître en un jour à tous ses instincts, traître à ses opinions, à ses sentiments, à son origine, à ses devoirs, à ses résolutions, à ses intérêts même, il avait frayé avec la noblesse, accepté l'hospitalité des spoliateurs et des assassins de son père ! Par quel charme funeste ? par quel enchantement ténébreux ? Indigné de s'être fait jouer comme un enfant ; convaincu que le marquis n'était qu'un vieux roué, sa fille qu'une jeune intrigante élevée à l'école de madame de Vaubert ; dégagé de tous les liens dont on l'avait insidieusement enlacé ; honteux et furieux à la fois de s'être laissé enchaîner, comme Gulliver, par des nains, il prit sa cravache, enfonça son chapeau sur sa tête ; et, sans vouloir seulement prendre congé de ses hôtes, sortit du château, décidé à n'y plus rentrer que lorsqu'il en aurait chassé la race des la Seiglière.

En traversant une cour plantée de figuiers, de marronniers et de tilleuls, pour gagner les écuries et seller lui-même le cheval qui l'avait amené, il fut rencontré par mademoiselle de la Seiglière, qui sortait de son appartement, en simple négligé de matin, encore plus belle ainsi qu'il ne l'avait vue la veille, le front si pur et si serein, la démarche si calme, le regard si limpide, que Bernard, en l'apercevant, sentit sa conviction s'évanouir avec sa colère, de même qu'au soleil levant se disperse et se fond la brume des collines. Soupçonner cette fière et suave créature de ruse, de mensonge, d'intrigue et de duplicité, autant aurait valu accuser de meurtre et de carnage les palombes au plumage irisé qui se becquetaient sur le toit du colombier voisin. La jeune fille alla droit au jeune homme.

— Monsieur, je vous cherchais, dit-elle.

A ce timbre de voix plus doux et plus frais que l'haleine embaumée du printemps, plus franc, plus loyal et sincère que le son de l'or sans alliage,

Bernard tressaillit, et le charme recommença. Ils se trouvaient en cet instant près d'une petite porte qui donnait sur la campagne. Hélène l'ouvrit, et posant sa main sur le bras de Bernard :

— Venez, ajouta-t-elle. Il est encore de bonne heure, et mon père s'est vanté hier soir en vous offrant d'aller battre avec vous, ce matin, nos landes et nos guérets. Vous serez obligé de vous contenter d'une promenade avec moi à travers champs. Vous y perdrez ; mais les lièvres y gagneront.

— Tenez, mademoiselle, dit Bernard d'une voix tremblante en se dégageant doucement de la main d'Hélène, je vous vénère et vous honore. Je vous crois aussi noble que belle ; je sens que douter de vous, ce serait douter de Dieu même. Vous avez aimé mon père ; vous avez été l'ange gardien de sa vieillesse. Vous l'avez assisté souffrant ; vous vous êtes assise à son chevet, vous l'avez aidé à mourir. Soyez remerciée et bénie. Vous avez rempli les devoirs de l'absent ; je vous en garderai dans mon cœur une reconnaissance éternelle. Cependant laissez-moi partir. Je ne saurais vous expliquer les motifs impérieux qui m'en font une loi ; mais puisque je la subis, cette loi, puisque j'ai la force de m'arracher à la grâce de vos instances, vous devez comprendre, mademoiselle, que les motifs qui me commandent sont bien impérieux, en effet.

— Monsieur, répondit mademoiselle de la Seiglière, qui croyait connaître les motifs dont parlait Bernard, si vous êtes seul ici-bas, si vous n'avez point d'affection sérieuse qui vous appelle ailleurs, si votre cœur est libre de tout lien, je ne sais rien qui puisse vous dispenser de vivre au milieu de nous.

— Je suis seul ici-bas, mon cœur est libre de tout lien, répliqua tristement le jeune homme; mais songez que je ne suis qu'un soldat de mœurs rudes et sans doute grossières. Je n'ai ni les goûts, ni les habitudes, ni les opinions de monsieur votre père. Étranger au monde où vous vivez, j'y serais importun, et moi-même j'y souffrirai peut-être.

— N'est-ce que cela, monsieur? dit Hélène. Mais songez donc, à votre tour, que vous êtes ici sur vos terres, et que nul ne songera jamais à contrarier vos goûts, vos habitudes ou vos opinions. Mon père est un esprit aimable, indulgent et facile. Vous nous verrez à vos heures; si vous le préférez, vous ne nous verrez jamais. Vous choisirez le genre de vie qui vous conviendra le mieux; et, à part la température, dont nous ne saurions disposer, il ne tiendra qu'à vous de vous croire encore en pleine Sibérie. Seulement vous ne gèlerez pas, et vous aurez la France à votre porte.

— Soyez sûre, mademoiselle, répondit Bernard, que ma place n'est point chez le marquis de la Seiglière.

— C'est me faire entendre, monsieur, que ce n'est point ici notre place, répondit mademoiselle de la Seiglière, car nous sommes ici chez vous.

Ainsi ces deux cœurs honnêtes et charmants abdiquaient chacun de son côté pour ne pas s'humilier l'un l'autre. Bernard rougit, se troubla et se tut.

— Vous voyez bien, monsieur, que vous ne pouvez pas partir, et vous ne partirez pas. Venez, ajouta Hélène en reprenant le bras du jeune homme. Hier, je vous ai transmis, pour ainsi dire, les derniers jours de votre père ; il me reste encore un dépôt qu'il m'a confié à son lit de mort, et que je tiens à vous remettre.

A ces mots, elle entraîna Bernard qui la suivit encore une fois, et tous deux s'enfoncèrent dans un sentier couvert qui courait à travers les terres entre deux haies d'épines et de troënes. Il faisait une de ces riantes matinées que n'ont point encore voilées les mélancolies de l'automne. Bernard reconnaissait les sites au milieu desquels il avait grandi ; à chaque pas, il éveillait un souvenir ; à chaque détour de haie, il rencontrait une fraîche image de ses jeunes années. Ainsi marchant, tous deux s'entretenaient des jours écoulés. Bernard disait son enfance turbulente ; Hélène racontait sa jeunesse grave et sérieuse. Parfois ils s'arrêtaient, soit pour échanger une idée, une observation ou un sentiment, soit pour cueillir les menthes et les digitales qui bordaient les marges du chemin, soit pour admirer les effets de lumière sur les prés et sur les coteaux ; puis, tout surpris de quelque révélation sympathique, ils poursuivaient leur route en silence jusqu'à ce qu'un nouvel incident vînt interrompre le langage muet de leurs âmes. S'il paraissait étrange, disons le mot, inconvenant, à quelques esprits rigoristes et timorés que la fille du marquis de la Seiglière se promenât en toilette de matin, au bras de ce jeune homme qu'elle avait vu la veille pour la première fois, c'est que ces esprits, dont nous respectons d'ailleurs les susceptibilités exquises, oublieraient que mademoiselle de la Seiglière était trop chaste et trop pure pour avoir la pudeur et la retenue que le monde enseigne à ses vestales ; nous leur rappellerions aussi qu'Hélène avait grandi en pleine liberté, et qu'en suivant le secret penchant de son cœur elle croyait accomplir un devoir. Au bout d'une heure de marche, ils arrivèrent, sans y songer, à la ferme où Bernard était né. A la vue de cette humble habitation où rien

n'était changé, Bernard ne put retenir son émotion.
Il voulut tout revoir et tout visiter ; puis il alla s'asseoir auprès d'Hélène, dans la cour, sur ce même banc où son père s'était assis quelques jours avant d'expirer. Tous deux étaient attendris, et ils restèrent silencieux. Quand Bernard releva sa tête, qu'il avait tenue longtemps entre ses mains, son visage était mouillé de larmes.

— Mademoiselle, dit-il en se tournant vers Hélène, j'ai raconté hier devant vous six années d'exil et de dur esclavage. Vous êtes bonne, je le sais, je le sens. Peut-être avez-vous plaint mon martyre ; et pourtant, dans ce récit indiscret de mes maux et de mes misères, je n'ai pas fait entrer la plus cruelle de mes tortures. Cette torture n'a point cessé, je la porte en moi comme un vautour qui me ronge le sein. Quand je quittai mon père, il était vieux déjà et seul au monde. Vainement il m'objecta qu'il n'avait plus que moi sur la terre. Je le délaissai sans pitié pour courir après le fantôme qui s'appelle la gloire. Au milieu du bruit des camps et des enivrements de la guerre, je ne songeais pas que j'étais un ingrat ; dans le silence de la captivité, je me sentis écrasé tout d'un coup sous le poids d'une pensée terrible. Je me représentai mon vieux père sans parents, sans amis, sans famille, frappé d'abandon, pleurant ma mort, accusant ma vie. Dès lors, cette pensée qu'il se plaignait de moi et qu'il accusait ma tendresse ne me donna ni trêve ni merci ; ce devint le mal de mon cœur, et je me demande encore à cette heure s'il m'a pardonné en mourant.

— Il est mort en bénissant votre mémoire, répondit la jeune fille ; il est parti joyeux, avec le doux espoir d'aller vous embrasser là-haut.

— Ne parlait-il jamais de moi avec amertume ?

— Il ne parlait de vous qu'avec amour, avec enthousiasme.

— Jamais n'a-t-il maudit mon départ ?

— Il n'a jamais que tressailli d'orgueil à l'idée de vos glorieux travaux. Vous n'étiez plus pour lui, et cependant vous étiez encore sa vie tout entière. Il vous pleurait, et cependant il n'existait qu'en vous et par vous. Près d'expirer, il me livra vos lettres comme ce qui lui restait de plus cher et de plus précieux à léguer. Ces lettres, les voici, dit Hélène les tirant d'un sac de velours et les remettant à Bernard ; elles m'ont appris à connaître et à aimer la France ; j'ai vu souvent votre père les tremper de ses pleurs et de ses baisers.

— Mademoiselle, dit Bernard d'une voix émue, vous qui avez aidé le père à mourir, vous qui aidez le fils à vivre, soyez bénie encore une fois.

Ils s'en retournèrent plus silencieux qu'ils n'étaient venus. Encore sous le coup du rêve affreux qu'il avait fait la nuit, M. de la Seiglière reçut cordialement Bernard, qui ne put se dispenser de s'asseoir à la table du déjeuner, entre le marquis et sa fille. Livré à lui-même, le marquis fut charmant; s'il lui échappa quelques imprudences, ces étourderies eurent un caractère de franchise et de loyauté qui ne déplaisait pas à la nature loyale et franche de son hôte. Le repas achevé, la journée s'écoula comme un rêve, Bernard toujours prêt à partir, et toujours empêché par quelque nouvel épisode. Il feuilleta des albums avec Hélène, passa dans la salle de billard avec le marquis, se laissa promener en calèche découverte, visita les écuries du château, parla de chevaux avec le vieux gentilhomme, qui les aimait et prétendait s'y connaître. Dans l'après-midi survint madame de Vaubert, qui déploya toutes les chatteries de sa grâce et de son esprit. Le dîner fut presque joyeux. Le soir, au coin du feu, Bernard s'oublia encore une fois à raconter ses batailles. Bref, sur le coup de minuit, après avoir serré la main du marquis, il se retira dans son appartement; et, tout en se promettant de s'éloigner le lendemain, fuma un cigare, se coucha et fit de doux songes.

Que devenait cependant notre jeune baron? Dans

la matinée de ce même jour, madame de Vaubert, qui avait détourné son fils de se présenter, la veille, au château, le fit appeler auprès d'elle.

— Raoul, dit-elle aussitôt, m'aimez-vous?

— Quelle question, ma mère! répondit le jeune homme.

— M'êtes-vous dévoué corps et âme?

— En avez-vous jamais douté?

— Si de graves intérêts qui me concernent vous obligeaient de partir pour Paris?

— Je partirais.

— Immédiatement?

— Je vais partir.

— Sans perdre une heure?

— Je pars, dit Raoul en prenant son chapeau.

— C'est bien, dit madame de Vaubert. Cette lettre renferme mes instructions; vous ne l'ouvrirez qu'à Paris. La malle de Bordeaux passera à Poitiers dans deux heures. Voici de l'or. Embrassez-moi. Maintenant, partez.

— Sans présenter mes adieux au marquis ni mes hommages à sa fille? demanda Raoul hésitant.

— Je m'en charge, dit la baronne.

— Cependant...

— Raoul, m'aimez-vous?

— Que penseront?...

— M'êtes-vous dévoué ?

— Ma mère, je suis parti.

Trois heures après, M. de Vaubert roulait vers Paris, moins perplexe et moins intrigué qu'on ne pourrait se l'imaginer, et convaincu que sa mère l'envoyait tout simplement acheter les présents de noce. A peine arrivé, il brisa le cachet de l'enveloppe qui renfermait les volontés de la baronne, et lut les instructions suivantes :

« Amusez-vous, voyez le monde, ne fréquentez
« que des gens de votre rang, ne dérogez en rien ni
« jamais, ménagez votre jeunesse, ne songez à reve-
« nir que lorsque je vous rappellerai, et reposez-vous
« sur moi du soin de votre bonheur. »

Raoul ne comprit pas et ne chercha pas à comprendre. Le lendemain, il marchait gravement sur le boulevard, l'air froid et compassé, et, au milieu des splendeurs de Paris qu'il voyait pour la première fois, aussi peu curieux de voir et d'observer que s'il se promenait sur ses terres.

CHAPITRE VIII.

Des semaines, des mois s'écoulèrent. Toujours prêt à partir, Bernard ne partait pas. La saison était belle ; il chassa, monta les chevaux du marquis, et finit par se laisser aller au courant de cette vie élégante et facile qui s'appelle la vie de château. Les saillies du marquis lui plaisaient. Bien qu'il conservât encore auprès de madame de Vaubert un sentiment de vague défiance et d'inexplicable malaise, il avait subi, sans chercher à s'en rendre compte, le charme de sa grâce et de son esprit. Les repas étaient gais, les vins étaient exquis ; les promenades, à la nuit tombante, sur le bord du Clain ou sous les arbres du parc effeuillé par l'automne, les causeries autour de l'âtre, la discussion, les longs récits, abrégeaient les soirées oisives. Lorsqu'il échappait au marquis quelque aristocratique boutade qui éclatait comme un obus sous les pieds de Bernard, Hélène, qui travaillait sous la lueur de la lampe à quelque ouvrage d'aiguille, levait sa blonde tête et fermait avec un sourire la blessure que son

père avait faite. Mademoiselle de la Seiglière, qui
continuait de croire que ce jeune homme était au
château dans une position pénible, humiliante et
précaire, n'avait d'autre préoccupation que de la lui
faire oublier; cette erreur valait à Bernard de si
doux dédommagements, qu'il supportait avec une
héroïque patience, dont il était étonné lui-même, les
étourderies de l'incorrigible vieillard. D'ailleurs,
quoiqu'ils ne s'entendissent sur rien, Bernard et le
marquis en étaient arrivés à se prendre d'une espèce
d'affection l'un pour l'autre. Le caractère ouvert du
fils de Stamply, sa nature franche et loyale, son attitude ferme, sa parole brusque et hardie, l'exaltation
même de ses sentiments toutes les fois qu'il était
question des batailles de l'empire et de la gloire de
son empereur, ne répugnaient pas au vieux gentilhomme. D'un autre côté, les chevaleresques enfantillages du grand seigneur agréaient assez au jeune
soldat. Ils chassaient ensemble, couraient à cheval,
jouaient au billard, discutaient sur la politique,
s'emportaient, bataillaient, et n'étaient pas loin de
s'aimer. — Ma foi! pensait le marquis, pour un
hussard, fils de manant, ce brave garçon n'est vraiment pas trop mal. — Eh bien, se disait Bernard,
pour un marquis, voltigeur de l'ancien régime, ce
vieux bonhomme n'est pas trop déplaisant. — Et le

soir en se quittant, le matin en se retrouvant, ils se serraient cordialement la main.

L'automne tirait à sa fin ; l'hiver fit sentir plus vivement encore à Bernard les joies du foyer et les délices de l'intimité. Depuis son installation au château, on avait cru devoir éloigner par prudence la tourbe des visiteurs. On vivait en famille : les fêtes avaient cessé. Bernard, qui avait passé le précédent hiver dans les steppes hyperborées, ne songea plus à résister aux séductions d'un intérieur aimable et charmant. Il reconnut qu'en fin de compte ces nobles avaient du bon et qu'ils gagnaient à être vus de près ; il se demanda ce qu'il serait devenu, triste et seul, dans ce château désert ; il se dit qu'il manquerait de respect à la mémoire de son père en agissant de rigueur contre les êtres qui avaient égayé la fin de ses jours ; et que, puisqu'on ne lui contestait pas ses droits, il devait laisser au temps, à la délicatesse et à la loyauté de ses hôtes, le soin de terminer convenablement cette étrange histoire, sans secousses, sans luttes et sans déchirements. Bref, en s'abandonnant mollement à la dérive du flot qui le berçait, il ne manqua pas de bonnes raisons pour excuser à ses propres yeux et pour justifier sa faiblesse. Il en était une qui les valait toutes ; ce fut la seule qu'il ne se donna pas.

Le temps fuyait, pour Hélène, léger et rapide; pour Bernard, rapide et léger. Il n'était pas besoin d'une bien grande perspicacité pour prévoir ce qui allait se passer entre ces deux jeunes cœurs; mais notre gentilhomme, qui s'entendait en amour comme en politique, ne devait pas aborder l'idée que son sang pût s'éprendre pour celui de son ancien fermier. D'une autre part, madame de Vaubert, qui, avec toutes les finesses de l'esprit, n'avait jamais soupçonné les surprises de la passion, ne pouvait pas raisonnablement supposer que la présence de Bernard dût éclipser l'image de Raoul. Mademoiselle de la Seiglière ne le supposait pas davantage. Cette enfant se doutait si peu de l'amour, qu'elle croyait aimer son fiancé; se reconnaissant devant Dieu l'épouse de M. de Vaubert, vis-à-vis de Bernard croyant n'être que généreuse, elle s'abandonnait sans défiance au courant mystérieux qui l'entraînait.

Elle comparait bien parfois la jeunesse héroïque de celui-ci à l'existence oisive de celui-là; parfois, à la lecture des lettres de Raoul, en songeant aux lettres de Bernard, elle s'étonnait bien de trouver la tendresse de l'amant moins brûlante et moins exaltée que ne l'était la tendresse du fils; quand, l'œil étincelant, le front illuminé de magiques reflets, Bernard parlait de gloire et de combats, ou qu'assis auprès d'elle il la contemplait en silence, Hélène sentait bien remuer dans son sein ému quelque chose d'étrange qu'elle n'avait jamais éprouvé en présence de son beau fiancé ; mais comment aurait-elle pu deviner l'amour aux tressaillements de son être, elle qui jusqu'alors avait pris pour l'amour un sentiment tiède et paisible, sans trouble ni mystère, sans douleur ni joie? Enfin, Bernard lui-même s'enivrait à son insu du charme qui l'enveloppait. Ainsi ces deux jeunes gens se voyaient chaque jour, en toute liberté comme en toute innocence, s'efforçant de se faire oublier l'un à l'autre leur position respective, Hélène redoublant de grâce, Bernard d'humilité, et ne comprenant pas l'un et l'autre que, sous ces adorables délicatesses, l'amour s'était déjà glissé. Cependant il arriva qu'un jour ils en eurent simultanément une vague révélation.

Peu de temps avant l'arrivée de Bernard, par une de ces fantaisies de jeunesse assez familières à la vieillesse du marquis, celui-ci avait fait l'acquisition d'un jeune cheval pur sang limousin qui passait pour indomptable, et que nul encore n'avait pu monter. Hélène l'avait appelé Roland, par allusion, sans doute, au Roland furieux. Un pauvre diable, qui se donnait pour un centaure, s'étant avisé de vouloir le soumettre, Roland l'avait désarçonné, et le centaure s'était cassé les reins. Dès lors, personne n'avait osé se frotter au rude jouteur, qu'on vantait d'ailleurs à dix lieues à la ronde pour sa merveilleuse beauté et la pureté de sa race. Un jour qu'il en était question, Bernard se fit fort de le mater, de le soumettre et de le rendre, en moins d'un mois, doux et docile comme un mouton bridé. Madame de Vaubert l'encouragea à le tenter ; le marquis s'efforça de l'en dissuader ; Hélène le supplia de n'en rien faire. Piqué d'honneur, Bernard courut aux écuries, et parut bientôt sous le balcon où se tenaient la baronne, M. de la Seiglière et sa fille, en selle sur Roland magnifique et terrible. Indigné du frein, la bouche écumante, les naseaux en feu et les yeux sanglants, comme une cavale sauvage qui sentirait la sangle et le mors, le superbe animal bondissait avec une incroyable furie, se cabrait, pirouettait, se dressait sur ses jarrets d'acier, le tout à la visible satisfaction de madame de Vaubert, qui semblait prendre le plus vif intérêt à cet exercice, et aux applaudissements du marquis qu'émerveillaient la grâce et l'adresse de l'écuyer.

— Ventre-saint-gris ! jeune homme, vous êtes du sang des Lapithes, s'écria-t-il en battant des mains.

Quand Bernard rentra dans le salon, il aperçut Hélène plus pâle que la mort. Le reste de la journée, mademoiselle de la Seiglière ne lui adressa pas un mot, pas un regard ; seulement, à la veillée, comme Bernard, qui craignait de l'avoir offensée, se tenait auprès d'elle, triste et silencieux, tandis que le marquis et madame de Vaubert étaient absorbés par une partie d'échecs :

— Pourquoi jouez-vous follement votre vie ? dit à voix basse et froidement Hélène, sans lever les yeux et sans interrompre son ouvrage de broderie.

— Ma vie ? répondit Bernard en souriant ; c'est un bien pauvre enjeu.

— Vous n'en savez rien, dit Hélène.

— Croyez que nul ne s'en soucie, répliqua Bernard d'une tremblante voix.

— Vous n'en savez rien, dit Hélène. D'ailleurs, c'est une impiété de disposer ainsi d'un don de Dieu.

— Echec et mat ! s'écria le marquis. Jeune homme, ajouta-t-il en se tournant vers Bernard, je vous répète que vous êtes du sang des Lapithes.

— A la façon dont il s'y prend, dit à son tour madame de Vaubert, je veux qu'avant huit jours monsieur Bernard soit maître de Roland et le mène comme un agneau.

— Vous ne monterez jamais ce cheval, dit d'un

ton de froide et calme autorité mademoiselle de la Seiglière, les yeux toujours baissés sur son ouvrage et de manière à n'être entendue que du jeune homme, qui se retira presque aussitôt pour cacher le trouble de son cœur.

CHAPITRE IX.

Les choses en étaient là, rien ne faisait présumer qu'elles dussent prendre de longtemps ni jamais une face nouvelle. Carrément établie, la position de Bernard paraissait inattaquable. Tout ce que le marquis pouvait raisonnablement espérer, c'était qu'il plût à ce jeune homme de n'y rien changer et de s'y tenir. A parler net, le marquis était aux champs. Instinctivement entraîné vers Bernard, il l'aimait ou plutôt il le tolérait volontiers, toutes les fois qu'emporté par la légèreté de son naturel il oubliait à quel titre le fils Stamply s'asseyait à sa table et à son foyer ; mais aux heures de réflexion, aussitôt qu'écrasé sous le sentiment de sa dépendance il retombait dans le vrai de la situation, le marquis ne voyait plus en lui qu'un ennemi à domicile, une épée de Damoclès suspendue par un fil et flamboyant au-dessus de sa tête. Il y avait pour lui deux Bernard, l'un qui ne lui déplaisait pas, l'autre qu'il aurait voulu voir s'abîmer à cent pieds sous terre. Il

n'avait plus, quand il en parlait avec madame de
Vaubert, ces jolies colères et ces charmants emportements que nous lui voyions autrefois. Ce n'était
plus ce marquis pétulant et fringant, rompant à
chaque instant son attache, s'échappant par sauts et
par bonds dans les champs de la fantaisie. La réalité l'avait dompté; si parfois encore il essayait de
se dérober, la rude écuyère l'arrêtait court en lui
enfonçant dans les flancs ses éperons de fer. Madame
de Vaubert était loin elle-même de cette mâle assurance qu'elle avait montrée d'abord. Non qu'elle eût
abandonné la partie : madame de Vaubert n'était
point femme à se décourager sitôt; mais, quoi
qu'elle pût dire pour le rassurer, le marquis la sentait hésitante, incertaine, troublée, irrésolue. Le
fait est que la baronne n'avait plus cette confiante
intrépidité qui l'avait longtemps soutenue, qu'elle
était longtemps parvenue à faire passer dans le cœur
du vieux gentilhomme. En étudiant Bernard, en
l'observant de près, en le regardant vivre, elle avait
su se convaincre que ce n'était là ni un esprit ni un
caractère avec lesquels il fût permis d'entrer en
accommodements; elle comprenait qu'elle avait
affaire à une de ces âmes susceptibles et fières qui
imposent des conditions, mais qui n'en reçoivent
pas, qui peuvent abdiquer, mais qui ne transigent

jamais. Or, comme il s'agissait ici d'une abdication d'un million, il n'était pas vraisemblable que Bernard s'y résignât aisément, quelque désintéressé qu'on le supposât. Mademoiselle de la Seiglière pouvait seule tenter d'accomplir un pareil miracle ; elle seule pouvait consommer l'œuvre de séduction qu'avaient, à l'insu d'elle-même, commencée victorieusement sa beauté, sa grâce et sa jeunesse. Malheureusement Hélène n'était qu'un esprit simple et une âme honnête. Si elle avait le charme qui fait les lions amoureux, elle ignorait l'art de leur limer les dents et de leur rogner les griffes. Par quels détours, par quels enchantements amener ce noble cœur à devenir, sans qu'il s'en doutât, l'instrument de la ruse et le complice de l'intrigue ? Tel était le secret que tout le génie de madame de Vaubert s'épuisait vainement à chercher. Ses entretiens avec le marquis n'avaient plus la verve et l'entrain qui les animaient naguère. Ce n'étaient plus ce haut dédain, ce mépris superbe, cette verte allure qui, plus d'une fois peut-être, ont fait sourire le lecteur. Quand le chasseur part le matin, aux premières blancheurs de l'aube, rempli d'ardeur et d'espérance, il aspire l'air à pleins poumons, et trempe avec délices ses pieds dans la rosée des champs et des guérets. A le voir ainsi, le fusil sur l'épaule, escorté de ses chiens, on dirait qu'il marche à la conquête du monde. Cependant, sur le coup de midi, quand les chiens n'ont fait lever ni perdreaux ni lièvres, et que le chasseur prévoit qu'il rentrera, le soir, au gîte, le carnier vide, sans avoir brûlé une amorce, à moins qu'il ne tire sa poudre aux linots : à travers les ronces qui déchirent ses guêtres, sous le soleil en feu qui tombe d'aplomb sur sa tête, il ne va plus que d'un pas boudeur, et s'assied découragé sous la première haie qu'il rencontre. C'est un peu là l'histoire du marquis et de la baronne. Ils en sont à l'heure de midi sans avoir pris le moindre gibier ; plus à plaindre même que le chasseur, c'est le gibier qui les a pris.

— Eh bien, madame la baronne ? demandait parfois le marquis en secouant la tête d'un air consterné.

— Eh bien, marquis, répondait madame de Vaubert, il faut voir, il faut attendre. Ce Bernard n'est pas précisément le drôle sur lequel nous avions compté. Feinte ou réelle, ça ne manque pas d'une certaine élévation dans les idées et dans les sentiments. Aujourd'hui tout le monde s'en mêle. Grâce aux bienfaits d'une révolution qui a confondu toutes les classes et supprimé toutes les lignes de démarcation, la canaille a la prétention d'avoir le cœur au niveau du nôtre ; il n'est pas de gens si piètres qui ne se crussent déshonorés, s'ils n'affichaient la fierté d'un Rohan ou l'orgueil d'un Montmorency. Cela fait pitié, mais cela est. Ces gens-là finiront par blasonner leur crasse et par avoir des armoiries.

— Toujours est-il, madame la baronne, ajoutait le marquis, que nous jouons un vilain jeu, et que nous n'avons même pas la chance pour excuse ; grâce à vos conseils, je suis en passe de perdre du même coup ma fortune et mon honneur : c'est trop de deux. Comment finira cette comédie ? Vous me répétez sans cesse que nous tenons notre proie ; c'est, par Dieu ! bien plutôt notre proie qui nous tient. C'est un rat que nous avons emprisonné dans un fromage de Hollande.

— Il faut voir, il faut attendre, répétait madame de Vaubert. Henri IV n'a pas conquis son royaume en un jour.

— Il l'a conquis à cheval, à la pointe d'une épée sans tache.

— Vous oubliez la messe.

— C'était une messe basse ; celle que j'entends dure depuis trois mois, et je n'en suis encore qu'à l'*Introït*.

Quoiqu'il lui en coûtât de mettre des étrangers dans le secret de cette aventure, qui n'était d'ailleurs un secret pour personne, quelque répugnance qu'il éprouvât à se commettre avec des gens de loi, le marquis en était arrivé à un tel état de perplexité, qu'il se décida à prendre l'avis d'un célèbre jurisconsulte qui florissait alors à Poitiers, où il passait pour le d'Aguesseau de l'endroit. M. de la Seiglière doutait encore de la validité des droits de son hôte; il se refusait à croire qu'un législateur, fût-il Corse, eût poussé l'iniquité au point d'encourager et de légitimer des prétentions si exorbitantes. Au risque de perdre sa dernière espérance, il fit appeler un matin dans son cabinet le d'Aguesseau poitevin, et lui expliqua nettement la chose, à cette fin de savoir s'il était un moyen honnête de se débarrasser de Bernard, ou du moins de l'amener forcément à une transaction qui ne compromit ni l'honneur ni la fortune de sa race. Ce célèbre jurisconsulte, il se nommait des Tournelles, était un petit vieillard fin, spirituel et goguenard, d'une bonne noblesse de robe, à ce titre estimant peu la noblesse d'épée et n'aimant point en particulier les la Seiglière, qui avaient de tout temps traité de bourgeoisie les fourrures et les mortiers. En outre, il avait gardé mémoire d'une rencontre dans laquelle notre gentilhomme l'avait reçu du haut en bas, incident sans portée qui remontait à plus de trente ans, depuis plus de trente ans oublié de l'offenseur, mais dont le souvenir saignait encore au cœur de l'offensé. M. des Tournelles fut secrètement charmé de voir le marquis dans un si mauvais cas. Après avoir approfondi l'affaire, après s'être assuré qu'aux termes mêmes de l'acte de donation passé entre le vieux Stamply et son ancien maître les droits du donataire étaient révoqués dans leur intégrité par le seul fait de l'existence du fils du donateur, il prit un malin plaisir à démontrer au gentilhomme que non-seulement la loi ne lui offrait aucun moyen d'expulser Bernard, mais encore qu'elle autorisait celui-ci à le mettre, lui et sa fille, littéralement à la belle étoile. Le vieux renard ne s'en tint pas là. Sous forme d'argumentation, il défendit le principe qui réintégrait Bernard dans la propriété de son père; il développa la pensée du législateur; il soutint qu'en ceci, loin d'être inique, ainsi que l'affirmait M. de la Seiglière, la loi n'était que juste, prévoyante, sage et maternelle. Vainement le marquis se récria; vainement il accusa la république d'exaction, de violence et d'usurpation; vainement il essaya d'établir qu'il tenait ses biens non de la libéralité, mais de la probité de son ancien fermier; vainement il tenta encore une fois de s'esquiver par les mille et un détours qu'il connaissait si bien : le légiste lui prouva poliment qu'en s'appropriant les biens territoriaux des émigrés la république n'avait fait qu'user d'un droit légitime, et qu'en lui restituant le domaine de ses pères son ancien fermier n'avait fait qu'accomplir un acte de munificence. Sous prétexte d'éclairer la question, il écrasa complaisamment le grand seigneur sous la générosité du vieux gueux. Doué d'une inépuisable faconde, les paroles s'échappaient de sa bouche comme d'un carquois une nuée de flèches : si bien que le pauvre marquis, criblé de piqûres et pareil à un homme qui se jetterait étourdiment dans un essaim d'abeilles, suait à grosses gouttes et s'agitait dans son fauteuil, maudissant l'idée qu'il avait eue de faire venir cet impitoyable bavard, et n'ayant même pas la ressource de l'emportement et de la colère, tant le bourreau s'y prenait avec grâce, politesse et dextérité. Il y eut un instant où, poussé à bout :

— Assez, monsieur, assez ! s'écria-t-il; ventre-saint-gris ! vous abusez, ce me semble, de l'érudition et de l'éloquence. Je suis suffisamment instruit et ne désire pas en savoir davantage.

— Monsieur le marquis, répliqua sévèrement le madré vieillard qui prenait goût au jeu et ne devait lâcher la partie qu'après s'être gorgé du sang de sa victime, je suis ici le médecin de votre fortune et de votre honneur; je me croirais indigne de la confiance que vous m'avez témoignée en ce jour, si je n'y répondais par une entière franchise. Le cas est grave ; ce n'est pas avec des restrictions de votre part, avec des ménagements de la mienne, que vous pouvez espérer en sortir.

Ces derniers mots tombèrent comme une rosée bienfaisante sur le cœur ulcéré du marquis.

— Ah çà ! monsieur, demanda-t-il d'un air hésitant et soumis, tout n'est donc pas désespéré ?

— Non, sans doute, répondit en souriant le rusé des Tournelles, pourvu toutefois que vous vous résigniez à tout avouer et à tout entendre. Je vous le répète, monsieur le marquis, vous ne devez voir en moi qu'un médecin venu pour étudier votre mal et pour tenter de le guérir.

Amolli par la crainte, alléché par l'espoir, encouragé d'ailleurs par l'apparente bonhomie sous laquelle le vieux serpent cachait ses perfides desseins, le marquis se laissa aller à des épanchements exagérés. Pour nous en tenir à la comparaison du jurisconsulte, il lui arriva ce qui arrive aux gens qui, après avoir passé leur vie à se railler de la médecine, se jettent aveuglément entre les bras des médecins aussitôt qu'ils ont cru sentir à leur chevet le souffle glacé de la mort. A part quelques détails qu'il crut devoir omettre, il dit tout, son retour, l'arrivée de Bernard, et de quelle façon ce jeune homme était installé au château. Poussé par le diabolique des Tournelles, qui l'interrompait çà et là en s'écriant : — Très-bien! c'est très-bien! c'est moins grave que je ne l'avais d'abord imaginé; du courage, monsieur le marquis! cela va bien, nous en sortirons, — il mit sa position à nu et se déshabilla, c'est le mot ; tandis que, le menton appuyé sur le bec à corbin de sa canne, le vieux roué étouffait de joie dans sa peau de voir l'orgueilleux gentilhomme étalant ses infirmités et découvrant sans pudeur les plaies de son égoïsme et de son orgueil. Quand celui-ci fut au bout de ses confidences, M. des Tournelles prit un air soucieux et hocha tristement la tête.

— C'est grave, dit-il, c'est très-grave, c'est plus grave que je ne le croyais tout à l'heure. Monsieur le marquis, il ne faut pas vous dissimuler que vous êtes dans la plus fâcheuse position où se soit jamais trouvé gentilhomme d'aucun temps et d'aucun pays. Vous n'êtes plus chez vous. Ce n'est pas vous qui tolérez Bernard, c'est lui qui vous tolère. Vous êtes à sa merci; vous dépendez d'un de ses caprices. Ce garçon peut, d'un jour à l'autre, vous signifier votre congé. C'est grave, c'est très-grave, c'est excessivement grave.

— Je le sais pardieu bien, que c'est grave! s'écria le marquis avec humeur; vous me répéterez cela cent fois que vous ne m'apprendrez rien de nouveau.

— Je n'ignore pas, poursuivit tranquillement M. des Tournelles sans s'arrêter à l'interruption du marquis, je suis loin d'ignorer que ce jeune homme a tout intérêt à vous conserver sous son toit, vous et votre aimable fille ; je sais qu'il se procurerait difficilement des hôtes aussi distingués et qui lui fissent plus d'honneur. Je vais plus loin : je prétends qu'il est de son devoir de chercher à vous retenir ; je soutiens que la piété filiale lui commande impérieusement de vous enchaîner à sa fortune. Vous avez été si bon pour son père ! On a dit avec raison que ce vieillard s'était enrichi en se dépouillant, tant vous l'avez entouré, sur la fin de ses jours, d'attentions, de soins, de tendresses et d'égards ! Spectacle charmant ! Il est beau de voir la main qui donne vaincue en générosité par la main qui reçoit. Quoique je n'aie pas l'avantage de connaître M. Bernard, je ne doute pas de ses pieuses dispositions jusqu'à présent : tout révèle en lui un noble cœur, un esprit élevé, une âme reconnaissante. Mais, outre qu'il ne convient pas qu'un la Seiglière accepte une condition humiliante, la vie est semée d'écueils contre lesquels viennent nécessairement se briser tôt ou tard les intentions les plus pures, les résolutions les plus honnêtes. Bernard est jeune, il se mariera, il aura des enfants.

Monsieur le marquis, je vous dois la vérité : c'est tout ce qu'on peut imaginer de plus grave.

— Que diable! monsieur, s'écria M. de la Seiglière qui sentait son sang lui chauffer les oreilles, je vous ai fait venir, non pour calculer la profondeur de l'abîme où je suis tombé, mais pour m'indiquer un moyen d'en sortir. Commencez par m'en tirer, vous le mesurerez ensuite.

— Permettez, monsieur, permettez, répliqua M. des Tournelles; avant de vous tendre une échelle, il est bon pourtant que je sache de quelle longueur il vous la faut. Monsieur le marquis, l'abîme est profond... Quel abîme !... Si vous en revenez, vous pourrez vous flatter, comme Thésée, d'avoir vu les sombres bords. Et quelle histoire, monsieur, que la vôtre ! quels bizarres jeux du sort ! quelles étranges vicissitudes ! Le marquis de la Seiglière, un des plus grands noms de l'histoire, un des premiers gentilshommes de France, rappelé de l'exil par un de ses vieux serviteurs ! Ce digne homme qui se dépouille pour enrichir son seigneur d'autrefois ! Ce fils qu'on croyait mort et qui revient un beau matin pour réclamer son héritage ! C'est un drame, c'est tout un roman; nous n'avons rien de plus intéressant dans les annales judiciaires. Convenez, monsieur le marquis, que vous avez été bien surpris en voyant apparaître devant vous ce jeune guerrier, tué à la bataille de la Moskowa! Quoique son retour dût jeter quelque trouble dans votre existence, je jurerais que ça ne vous a pas été désagréable de voir vivant et bien portant le fils de votre bienfaiteur.

— Au fait, monsieur, au fait! s'écria le marquis près d'éclater et plus rouge qu'une pivoine. Savez-vous un moyen de me tirer de là?

— Vertudieu! monsieur le marquis, s'écria l'impitoyable vieillard, il faudra bien que nous en trouvions un. Vous ne pouvez pas rester dans un si cruel embarras. Il ne sera pas dit qu'un marquis de la Seiglière et sa fille ont vécu à la charge du fils de leur ancien fermier, exposés chaque jour à se voir renvoyés honteusement, comme des locataires qui n'auraient pas payé leur terme. Cela ne doit pas être, cela ne sera pas.

A ces mots, M. des Tournelles parut se plonger dans une méditation savante. Il resta bien un bon quart d'heure à tracer avec le bout de sa canne des ronds sur le parquet, ou, le nez en l'air, à regarder les moulures du plafond; tandis que le marquis l'examinait en silence avec une anxiété impossible à décrire, mais facile à comprendre, cherchant à lire sa destinée sur le front de ce diable d'homme, et passant tour à tour du découragement à l'espoir.

selon l'expression inquiète ou souriante que le perfide des Tournelles donnait au jeu de sa physionomie.

— Monsieur le marquis, dit-il enfin, la loi est formelle; les droits du fils Stamply sont incontestables. Cependant, comme il n'est rien en droit qui ne puisse être contesté, j'ai la conviction qu'avec beaucoup de ruse et d'adresse vous pourriez réussir à faire débouter le fils Stamply de ses prétentions. Mais, voici le diable ! pour en venir là, il faudrait recourir aux subtilités de la loi, et vous, marquis de la Seiglière, vous ne consentirez jamais à vous engager dans les détours de la chicane.

— Jamais, monsieur, jamais, répliqua le marquis avec fierté; mieux vaut sauter par la fenêtre que d'essuyer la boue des escaliers.

— J'en étais sûr, reprit M. des Tournelles. Ces sentiments sont trop chevaleresques pour que je veuille les combattre. Permettez-moi seulement de vous faire observer qu'il s'agit du domaine de vos ancêtres, d'un million de propriétés, de l'avenir de votre fille et des destinées de votre race. Tout cela est à prendre en quelque considération. Je ne parle pas de vous, monsieur le marquis; vous avez le cœur le plus désintéressé qui ait jamais battu dans une poitrine humaine, la ruine vous effraye moins qu'une tache à votre blason. La misère ne vous fait pas peur ; vous vivriez au besoin de racines et d'eau claire. C'est noble, c'est grand, c'est beau, c'est héroïque. Je vous vois déjà reprenant sans pâlir le chemin de la pauvreté. A ce tableau, mon cœur s'émeut et mon imagination s'exalte ; car, on l'a dit avec raison, le plus magnifique spectacle qui se puisse voir, est la lutte de l'homme fort aux prises avec l'adversité. Mais votre fille, monsieur, votre fille ; car vous êtes père, monsieur le marquis ! S'il vous plaît d'accepter le rôle d'OEdipe, imposerez-vous à cette aimable enfant la tâche d'Antigone ? Que dis-je ! aussi impitoyable qu'Agamemnon, la sacrifierez-vous, nouvelle Iphigénie, sur l'autel de l'orgueil, à l'égoïsme de l'honneur ? Je conçois qu'il vous répugne de traîner votre nom devant les tribunaux, d'arracher par ruse à la justice la consécration de vos droits. Cependant, songez-y, un million de propriétés ! Monsieur le marquis, vous êtes bien ici, ce luxe héréditaire vous sied à ravir et vous va comme un gant. Et puis, voyons, en bonne conscience, est-il plus honteux de chercher à frapper son adversaire au défaut de la loi, qu'il ne l'était autrefois, entre chevaliers, de se viser, la lance au poing, au joint de la visière et au défaut de la cuirasse ?

— Allons, monsieur, dit le marquis après quelques instants d'hésitation silencieuse, si vous croyez pouvoir répondre du succès, par dévouement aux intérêts de ma chère et bien-aimée fille, je me résignerai à vider jusqu'à la lie le calice des humiliations.

— Triomphe de l'amour paternel! s'écria M. des Tournelles. Ainsi, c'est convenu, nous plaidons. Il ne nous reste plus qu'à trouver par quelles délicatesses nous arriverons à dépouiller légalement de ses droits légitimes le fils du bonhomme qui vous a donné tous ses biens.

— Ventre-saint-gris! monsieur, entendons-nous, s'écria le vieux gentilhomme, qui, en moins d'une seconde, rougit et pâlit de honte et de colère. Ce n'est point là ce que je demande. Je crois qu'il est de mon devoir de transmettre intact à ma fille le domaine de ses ancêtres; mais, vive Dieu! je ne prétends pas dépouiller ce jeune homme : je lui ferai un sort; rien ne me coûtera pour lui assurer une existence honorable et facile.

— Ah! noble, noble cœur! dit M. des Tournelles avec un attendrissement si parfaitement joué, que M. de la Seiglière se sentit tout attendri lui-même. Voilà pourtant ces grands seigneurs qu'on accuse d'égoïsme et d'ingratitude! Allons, puisque vous l'exigez, nous ferons quelque chose pour le hussard. D'ailleurs, nous dirons cela en plein tribunal; pour peu que notre avocat sache en tirer parti, ça produira un bon effet sur l'esprit des juges.

A ces mots, M. des Tournelles, ayant demandé quelques instants de réflexion pour trouver, ainsi qu'il l'avait dit lui-même, le défaut de la loi, parut encore une fois s'abîmer dans une méditation profonde. Au bout de dix minutes, il en sortit radieux, le visage épanoui et la bouche souriante : ce que voyant, M. de la Seiglière ressentit la joie d'un homme qui, sous le coup d'un arrêt de mort, s'entend condamner aux galères à perpétuité

— Eh bien, monsieur ? demanda-t-il.

— Eh bien, monsieur le marquis, répondit M. des Tournelles prenant tout d'un coup un air piteux et consterné, vous êtes perdu, perdu sans ressource, perdu sans espoir. Tout considéré, tout pesé, tout calculé, plaider serait un pas de clerc : vous compromettriez votre réputation sans sauver votre fortune. Je me ferais fort de tourner la loi et de vous arracher aux étreintes de l'article 960 du chapitre es Donations ; avec le Code, il y a toujours moyen de s'arranger. Malheureusement, les termes de l'acte qui vous a réintégré dans vos biens sont trop nets, trop précis, trop explicites, pour qu'il soit permis, avec la meilleure volonté du monde, d'en altérer et d'en dénaturer le sens : un avoué lui-même y perdrait sa peine et son temps. Le vieux Stamply ne vous a fait don de sa fortune que dans la conviction que son fils était mort; le fils vit : donc le père ne vous a rien donné. Tirez-vous de là. — Mais je voudrais bien savoir, s'écria-t-il d'un air vainqueur, pourquoi nous nous amusons, vous et moi, à chercher si loin un denoûment fâcheux, s'il n'était impossible, lorsque nous en avons un là, tout près, sous la main, honorable autant qu'infaillible. Pour peu que vous possédiez vos auteurs comiques, vous n'êtes pas sans avoir remarqué sans doute que toutes les comédies finissent par un mariage, si bien qu'il semble que le mariage ait été spécialement institué pour l'agrément et pour l'utilité des poëtes. Le mariage, monsieur le marquis! c'est le grand ressort, c'est le *deus ex machinâ*, c'est l'épée d'Alexandre tranchant le nœud gordien. Voyez Molière, voyez Regnard, voyez-les tous : comment sortiraient-ils de leurs inventions, s'ils n'en sortaient par un mariage? Dans toutes les comédies, qui rapproche les familles divisées? qui termine les différends? qui clôt les procès, éteint les haines, met fin aux amours? Le mariage, toujours le mariage. Eh! vertudieu! s'il est vrai que le théâtre soit la peinture et l'expression de la vie réelle, qui nous empêche, nous aussi, de finir par un mariage? Mademoiselle de la Seiglière est jeune, on la dit charmante ; de son côté, M Bernard est jeune encore, et, dit-on, passablement tourné. Mariez-moi ces deux jeunesses : Molière lui-même, à cette aventure, n'eût pas cherché un autre dénoûment.

A ces mots, malgré la gravité de la situation, le marquis fut pris d'un tel accès d'hilarité, qu'il resta près de cinq minutes à se tenir les côtes et à se tordre dans son fauteuil en riant aux éclats.

— Par Dieu ! monsieur, s'écria-t-il enfin, depuis deux heures que vous me tenez sur la sellette, vous me deviez ce petit dédommagement. Répétez-moi cela, je vous prie.

— J'ai l'honneur de vous répéter, monsieur le marquis, repartit le malin vieillard avec un imperturbable sang-froid, que le seul moyen de concilier en cette affaire le soin de votre réputation et celui de vos intérêts est d'offrir mademoiselle de la Seiglière en mariage au fils de votre ancien fermier.

Pour le coup, le marquis n'y tint plus. Il se renversa sur son fauteuil, se leva, fit deux fois le tour de la chambre, et vint se rasseoir, en proie aux convulsions de ce rire maladif qu'excite le chatouillement. Quand il se fut un peu calmé :

— Monsieur, s'écria-t-il, on m'avait bien dit que

vous étiez un homme habile, mais j'étais loin de vous soupçonner de cette force-là. Ventre-saint-gris ! comme vous y allez ! Quel coup d'œil prompt et sûr ! quelle façon d'arranger les choses ! Pour en être, à votre âge, arrivé à ce point de savoir et d'érudition, il faut qu'on vous ait envoyé bien jeune à l'école. Monsieur votre père était sans doute procureur. Vous auriez rendu des points à Bartole ; maître Cujas n'eût pas été digne de serrer le nœud de votre catogan. Vive Dieu ! quel puits de science ! Madame des Tournelles, quand vous la promenez le dimanche à Blossac, doit porter un peu haut la tête. — Monsieur le jurisconsulte, ajouta-t-il en changeant brusquement de ton, vous avez oublié que je vous ait fait appeler pour vous demander une consultation, et non pas un conseil.

— Mon Dieu ! monsieur le marquis, reprit sans s'émouvoir M. des Tournelles, je comprends parfaitement qu'une pareille proposition révolte vos nobles instincts. Je me mets à votre place ; j'accepte toutes vos répugnances, j'épouse toutes vos rébellions. Cependant, pour peu que vous daigniez y réfléchir, vous comprendrez à votre tour qu'il y a des nécessités auxquelles l'orgueil le plus légitime est obligé parfois de se plier.

— Brisons là, monsieur, dit le marquis d'un ton

sévère qui n'admettait pas de réplique, ce qui n'empêcha pas le vieux fourbe de répliquer.

— Monsieur le marquis, reprit-il avec fermeté, le sincère intérêt, les vives sympathies que m'inspire votre position, le respectueux attachement que j'ai voué de tout temps à votre illustre famille, la franchise et la loyauté bien connues de mon caractère, tout me fait une loi d'insister ; j'insisterai, dussé-je, pour prix de mon dévouement, encourir vos railleries ou votre colère. Je suppose qu'un jour le pied vous manque et que vous tombiez dans le Clain : ne serait-il pas criminel devant Dieu et devant les hommes, celui qui, pouvant vous sauver, ne vous tendrait pas une main secourable? Eh bien, vous êtes tombé dans un gouffre cent fois plus profond que le lit de notre rivière ; et je croirais faillir à tous mes devoirs, si je n'employais, au risque de vous blesser et de vous meurtrir, tous les moyens humainement possibles pour essayer de vous en arracher.

— Eh! monsieur, s'écria le marquis, si c'est leur bon plaisir, laissez les gens se noyer en paix. Mieux vaut se noyer proprement dans une eau pure et transparente que de se retenir au déshonneur et de se cramponner à la honte.

— Ces sentiments vous honorent ; je reconnais la

le digne héritier d'une race de preux. Je crains seulement que vous ne vous exagériez les dangers d'une mésalliance. Il faut bien reconnaître qu'à tort ou à raison, les idées se sont singulièrement modifiées là-dessus. Monsieur le marquis, les temps sont durs. Quoique restaurée, la noblesse s'en va ; sous le factice éclat qu'on vient de lui rendre, elle a déjà la mélancolie d'un astre qui pâlit et décline. J'ai la conviction qu'elle ne pourra retrouver son antique splendeur qu'en se retrempant dans la démocratie, qui déborde de toutes parts. J'ai mûrement réfléchi sur notre avenir; car, moi aussi, je suis gentilhomme, et ce qui prouve à quel point je suis pénétré de la nécessité où nous sommes de nous allier à la canaille, c'est que je me suis résigné tout récemment à marier ma fille aînée à un huissier. Que voulez-vous ? Il en est aujourd'hui de l'aristocratie comme de ces métaux précieux qui ne peuvent se solidifier qu'en se combinant avec un grain d'alliage. Dans notre époque, une mésalliance n'est autre chose qu'un paratonnerre. Déroger, c'est se ménager un appui, se prémunir contre la tempête. Il se prépare à cette heure un jeu de bascule curieux à observer : dans vingt ans le gentilhomme bourgeois aura remplacé le bourgeois gentilhomme. Voulez-vous, monsieur le marquis, connaître toute ma pensée?

— Je n'y tiens pas, dit le marquis.

— Je vais donc vous la dire, reprit avec assurance l'abominable petit vieillard. Grâce à votre grand nom, à votre grande fortune, à votre grand esprit, grâce enfin à vos grandes manières, il se trouve naturellement que vous êtes peu aimé dans le pays. Vous avez des ennemis : quel homme supérieur n'en a pas ? Plaignons l'être assez déshérité de la terre et du ciel pour n'en point avoir deux ou trois. A ce compte, vous en avez beaucoup; pourrait-il en être autrement ? Vous n'êtes pas populaire : quoi de plus simple, la popularité n'étant en toutes choses que le cachet de la sottise et la couronne de la médiocrité ? Bref, vous avez l'honneur d'être haï.

— Monsieur !...

— Trêve de modestie ! on vous hait. Vous servez de point de mire aux boulets ramés d'un parti cauteleux dont l'audace grandit chaque jour, et qui menace de devenir la majorité de la nation. Je me garderai bien de vous rapporter les basses calomnies que ce parti sans foi ni loi ne se lasse pas de répandre, comme un venin, sur votre noble vie. Je sais trop quel respect vous est dû pour que je consente jamais à me faire l'écho de ces lâches et méchants propos. On vous blâme hautement d'avoir déserté la patrie au moment où la patrie était en danger ; on vous accuse d'avoir porté les armes contre la France.

— Monsieur, répliqua M. de La Seiglière avec une vertueuse indignation, je n'ai jamais porté les armes contre personne.

— Je le crois, monsieur le marquis, j'en suis sûr ; tous les honnêtes gens en sont convaincus comme moi ; malheureusement les libéraux ne respectent rien, et les honnêtes gens sont rares. On se plaît à vous signaler comme un ennemi des libertés publiques ; le bruit court que vous détestez la Charte ; on insinue que vous tendez à rétablir dans vos domaines la dîme, la corvée et quelque autre droit du seigneur. On assure que vous avez écrit à Sa Majesté Louis XVIII pour lui conseiller d'entrer dans la chambre des députés éperonné, botté, le fouet au poing, comme Louis XIV dans son parlement ; on affirme que vous fêtez, chaque année, le jour anniversaire de la bataille de Waterloo ; on vous soupçonne d'être affilié à la congrégation des jésuites; enfin on va jusqu'à dire que vous insultez ostensiblement à la gloire de nos armées en attachant chaque jour à la queue de votre cheval une rosette tricolore. Ce n'est pas tout, car la calomnie ne s'arrête pas en si beau chemin : on prétend que le vieux Stamply a été victime d'une captation indigne, et que, pour prix de ses bienfaits, vous l'avez laissé mourir de chagrin. Je ne voudrais pas vous effrayer ; cependant je dois vous avouer qu'au point où en sont les choses, si une seconde révolution éclatait, et Dieu seul peut savoir ce que l'avenir nous réserve, il faudrait encore une fois vous empresser de fuir, sinon, monsieur le marquis, je ne répondrais pas de votre tête.

— Savez-vous bien, monsieur, que c'est une infamie? s'écria M. de la Seiglière, à qui les paroles du satanique vieillard venaient de mettre la puce à l'oreille; savez-vous que ces libéraux sont d'affreux coquins? Moi, l'ennemi des libertés publiques? Je les adore, les libertés publiques ; et comment m'y prendrais-je pour détester la Charte? je ne la connais pas. Les jésuites! mais, ventre-saint-gris! je n'en vis jamais la queue d'un. Le reste, à l'avenant ; je ne daignerai pas répondre à des accusations qui partent de si bas. Quant à une seconde révolution, ajouta gaiement le marquis comme les poltrons qui chantent pour se rassurer, j'imagine, monsieur, que vous voulez rire.

— Vertudieu, monsieur, je ne ris point, répliqua vivement M. Des Tournelles. L'avenir est gros de tempêtes; le ciel est chargé de nuages livides : les passions politiques s'agitent sourdement; le sol est

miné sous nos pas. En vérité, je vous le dis, à moins
que vous ne vouliez être surpris par l'ouragan,
veillez, veillez sans cesse, prêtez l'oreille à tous
les bruits, soyez nuit et jour sur vos gardes, n'ayez
ni repos, ni trêve, ni répit, et puis tenez vos malles
prêtes, afin de n'avoir plus qu'à les fermer au
premier coup de tonnerre qui partira de l'horizon.

M. de la Seiglière pâlit, et regarda M. Des Tournelles avec épouvante. Après avoir joui quelques instants de l'effroi qu'il venait de jeter dans le cœur de l'infortuné :

— Sentez-vous maintenant, monsieur le marquis, l'opportunité d'une mésalliance ? Commencez-vous d'entrevoir qu'un mariage entre le fils Stamply et mademoiselle de la Seiglière serait, de votre part, un acte de politique haute et profonde ? Comprenez-vous qu'ainsi faisant, vous changez la face des choses ? On vous soupçonne de haïr le peuple : vous donnez votre fille au fils d'un paysan. On vous signale comme un ennemi de notre jeune gloire : vous adoptez un enfant de l'empire. On vous accuse d'ingratitude : vous mêlez votre sang à celui de votre bienfaiteur. Ainsi, vous confondez la calomnie, vous désarmez l'envie, vous ralliez à vous l'opinion, vous vous créez des alliances dans un parti qui veut votre ruine, vous assurez contre la foudre votre tête et votre fortune ; enfin, vous achevez de vieillir au sein du luxe et de l'opulence, heureux, tranquille, honoré, à l'abri des révolutions.

— Monsieur, dit le marquis avec dignité, s'il en est besoin, ma fille et moi, nous monterons sur l'échafaud. On peut répandre notre sang : on ne le souillera pas tant qu'il coulera dans nos veines. Nous sommes prêts ; la noblesse de France a prouvé, Dieu merci ! qu'elle sait mourir.

— Mourir n'est rien, vivre est moins facile. Si l'échafaud était dressé à votre porte, je vous prendrais par la main et vous dirais : Montez au ciel ! mais d'ici là, monsieur le marquis, que de mauvais jours à passer ! Songez...

— Pas un mot de plus, je vous prie, dit M. de la Seiglière tirant du gousset de sa culotte de satin noir une petite bourse de filet qu'il glissa furtivement entre les doigts de M. Des Tournelles. — Vous m'avez singulièrement diverti, ajouta le marquis ; il y a longtemps que je n'avais ri de si bon cœur.

— Monsieur le marquis, répliqua M. Des Tournelles laissant tomber négligemment la bourse sur le parquet, je suis suffisamment récompensé par l'honneur que vous m'avez fait en me jugeant digne de votre confiance ; d'ailleurs, s'il est vrai que j'aie réussi à vous faire rire dans la position où vous êtes, c'est mon triomphe le plus beau, je reste votre obligé. Toutes les fois qu'il vous plaira de recourir à mes faibles lumières, sur un mot de vous je viendrai, trop heureux si, comme aujourd'hui, je puis faire descendre dans votre esprit quelque confiance et quelque sérénité.

— Vous êtes trop bon mille fois.

— Comment donc! vous avez beau ne plus être ici chez vous, et n'avoir désormais en propre ni château, ni parc, ni forêts, ni domaines, pas même un coin de terre où vous puissiez dresser votre tente, vous êtes encore et serez toujours pour moi le marquis de la Seiglière, plus grand dans l'infortune que vous ne le fûtes jamais au faîte de la prospérité. Je suis fait ainsi : l'infortune me séduit, l'adversité m'attire. Si mes opinions politiques me l'eussent permis, j'aurais accompagné Napoléon à Sainte-Hélène. Veuillez croire que mon dévouement et mon respect vous suivront partout, et que vous trouverez en moi un fidèle courtisan du malheur.

— De votre côté, monsieur, soyez persuadé que votre respect et votre dévouement me seront d'un bien précieux secours et d'une bien douce consolation, répondit le marquis en tirant le cordon d'une sonnette.

M. Des Tournelles s'était levé. Près de se retirer, il s'arrêta, promena autour de lui un regard complaisant, et considéra dans tous ses détails le luxe de l'appartement où il se trouvait.

— Séjour délicieux! réduit enchanté! murmura-t-il comme se parlant à lui-même. Tapis d'Aubusson, damas de Gênes, porcelaines de Saxe, meubles de Boule, cristaux de Bohême, tableaux de prix, objets d'art, fantaisies charmantes... Monsieur le marquis, vous êtes ici comme un roi. Et ce parc! c'est un bois, ajouta-t-il en s'approchant d'une croisée. Vous devez, au printemps, du coin de votre feu, entendre chanter, la nuit, le rossignol.

En cet instant, la porte du salon s'ouvrit : un valet parut sur le seuil.

— Jasmin, dit M. de la Seiglière en poussant du pied la bourse qui gisait encore sur le tapis et laissait voir le jaune métal, reluisant à travers les mailles du filet comme les écailles d'un poisson doré, ramassez ceci : c'est un présent que vous fait M. Des Tournelles. Adieu, monsieur Des Tournelles, adieu. Mes compliments à votre épouse. Jasmin, reconduisez monsieur; vous lui devez une politesse.

Cela dit, il tourna le dos sans plus de façon, s'enfonça sous un double rideau dans l'embrasure d'une fenêtre, et colla son front sur la vitre. Il croyait déjà

Des Tournelles hors du château, quand tout à coup l'exécrable vieillard, qui s'était glissé comme un aspic, se dressa sur la pointe des pieds, et la bouche à fleur d'oreille :

— Monsieur le marquis... dit-il à demi-voix et d'un air mystérieux.

— Comment, s'écria M. de la Seiglière en se retournant brusquement, monsieur, c'est encore vous?

— Un dernier avis, il est bon : le cas est grave ; voulez-vous en sortir? mariez votre fille à Bernard.

Là-dessus, envoyé par le marquis à tous les diables, M. Des Tournelles fit volte-face, et, suivi de Jasmin qui se confondait en salutations, la canne sous le bras, souriant et se frottant les mains, il s'esquiva, joyeux comme une fouine qui sort d'un poulailler, enivrée de carnage et se pourléchant les babines.

Ainsi, tout en ayant l'air de n'y pas toucher ou de n'y toucher que pour les guérir, M. Des Tournelles n'avait fait qu'envenimer et mettre à vif les blessures de sa victime ; ainsi M. de la Seiglière, qui auparavant se sentait déjà bien malade, venait d'acquérir la certitude que sa maladie était mortelle et qu'il n'en reviendrait pas. Tel fut le beau résultat de cette consultation mémorable : un marquis se noyait ; un jurisconsulte qui passait par là lui prouva qu'il était perdu et lui mit une pierre au cou, après l'avoir durant deux heures, sous prétexte de le sauver, traîné et roulé dans la vase.

Or, le cœur du marquis n'était pas le seul tourmenté dans la vallée du Clain. Sans parler de madame de Vaubert, qui n'était pas précisément rassurée sur le dénouement de son entreprise, Hélène et Bernard avaient, chacun de son côté, perdu le repos et la sérénité de leur âme. Depuis longtemps déjà, mademoiselle de la Seiglière s'interrogeait avec inquiétude. Pourquoi, dans aucune de ses lettres à M. de Vaubert, n'avait-elle osé parler de la présence de Bernard? Sans doute elle avait craint de s'attirer les railleries du jeune baron, qui n'avait jamais pu tolérer le vieux Stamply. Mais pourquoi, vis-à-vis de Bernard, toutes les fois qu'il s'était agi du fils de la baronne, n'avait-elle jamais osé parler de son union prochaine avec lui? Parfois il lui semblait qu'elle les trompait l'un et l'autre. D'où venait ce vague effroi ou cette morne indifférence qu'elle ressentait depuis quelque temps à la pensée du retour de Raoul? D'où venait aussi que ses lettres, qui l'avaient distraite d'abord, sinon charmée, ne lui apportaient plus qu'un profond et mortel ennui? D'où venait enfin le sentiment de lassitude qui l'accablait chaque fois qu'il fallait y répondre? A toutes ces questions, sa raison s'égarait. Ce n'était pas seulement ce qui se passait en elle qui la troublait ainsi ; elle comprenait instinctivement qu'il s'agitait autour d'elle quelque chose d'équivoque et de mystérieux. La tristesse de son père, le brusque éloignement de Raoul, son absence prolongée, l'attitude de la baronne, tout alarmait cette conscience timorée qu'un souffle aurait suffi à ternir. L'éclat de ses joues pâlit ; ses beaux yeux se cernèrent ; son aimable humeur s'altéra. Pour s'expliquer le trouble et le malaise qu'elle éprouvait auprès de Bernard, elle s'efforça de le haïr ; elle reconnut que c'était depuis l'arrivée de cet étranger qu'elle avait perdu le calme et la limpidité de ses jeunes années ; elle l'accusa dans son cœur d'accepter trop humblement l'hospitalité d'une famille que son père avait dépouillée ; elle se dit qu'il aurait pu chercher un plus noble emploi de son courage et de sa jeunesse, elle regretta de ne lui point voir plus d'orgueil et de dignité. Puis, se rattachant à M. de Vaubert de toutes ses forces et de tout son courage, prenant ainsi sa conscience pour de l'amour et son amour pour de la haine, elle s'éloigna peu à peu de Bernard, renonça aux promenades dans le parc, cessa de paraître au salon, et vécut retirée dans son appartement. Réduit à l'intimité du marquis et de la baronne, depuis que mademoiselle de la Seiglière n'était plus là pour couvrir de sa candeur, de son innocence et de sa beauté, les ruses et les intrigues dont il avait été le jouet, Bernard devint sombre, bizarre, irascible. Ce fut alors que le marquis, par une résolution qui mériterait d'être couverte de toutes les épithètes qu'entassait pêle-mêle madame de Sévigné à propos du mariage d'une petite-fille d'Henri IV avec un cadet de Gascogne, se décida brusquement à passer sous les fourches caudines que M. Des Tournelles lui avait indiquées comme la seule voie de salut qui lui restât en ce bas monde.

CHAPITRE X.

Depuis son entrevue avec l'abominable Des Tournelles, notre marquis avait perdu le sommeil, le boire et le manger. Grâce à la frivolité de son esprit, à l'étourderie de son caractère, il avait pu garder jusqu'alors quelque espoir, nourrir quelques illusions. Ce n'étaient déjà plus, il est vrai, ces vives allures, ces vertes saillies, ces folles équipées qui nous égayaient autrefois ; mais encore parvenait-il à s'échapper de loin en loin et retrouvait-il çà et là l'entrain, la verve, la pétulance de son aimable et bonne nature. C'était un papillon blessé, mais qui battait encore de l'aile, quand, sous prétexte de le tirer de peine, l'affreux jurisconsulte, le saisissant délicatement entre ses doigts, l'avait fixé vivant sur le carton d'airain de la réalité. Dès lors avait commencé pour le marquis un martyre non encore éprouvé. Que devenir ? quel parti prendre ? Si l'orgueil lui conseillait de se retirer tête haute, l'égoïsme était d'un avis contraire ; si l'orgueil avait de bonnes raisons à mettre en avant, l'égoïsme en avait dans son sac d'aussi bonnes, sinon de meilleures. Le marquis se faisait vieux ; la goutte le travaillait sourdement ; vingt-cinq années d'exil et de privations l'avaient guéri des héroïques escapades et des chevaleresques exaltations de la jeunesse. La pauvreté lui agréait d'autant moins, qu'il avait vécu dans son intimité ; il sentait son sang se figer dans ses veines rien qu'au souvenir de ce morne et pâle visage qu'il avait vu pendant vingt-cinq ans assis à sa table et à son foyer. Pour tout dire enfin, quoiqu'il n'aimât rien autant que lui-même, il adorait sa fille ; son cœur se serrait douloureusement à la pensée que cette belle créature, après s'être acclimatée dans le luxe et dans l'opulence, pourrait retomber dans l'atmosphère terne et glacée qui avait enveloppé son berceau. Il hésitait : nous en savons plus d'un qui, en pareille occurrence, y eût regardé à deux fois sans avoir pour excuse une fille adorée, soixante ans passés et la goutte. Que faire cependant ? De quel côté qu'il se tournât, M. de la Seiglière ne voyait que la ruine et la honte. Madame de Vaubert, qui ne répondait à toutes ses questions que par ces mots : — Il faut voir, il faut attendre, — n'était rien moins que rassurante. Le gentilhomme en voulait secrètement à sa noble amie du rôle très-peu noble qu'ils jouaient tous deux depuis six mois. D'une autre part, la nouvelle attitude qu'avait prise tout à coup Bernard glaçait le marquis d'épouvante. Depuis qu'Hélène ne les charmait plus de sa présence, les journées se traînaient tristement, les soirées plus tristement encore. Le matin, après le déjeuner où mademoiselle de la Seiglière avait cessé de paraître, Bernard, laissant le marquis à ses réflexions, montait à cheval et ne revenait que le soir, plus sombre, plus taciturne, plus farouche qu'il n'était parti. Le soir, après dîner, Hélène allait presque aussitôt s'enfermer dans son appartement et Bernard restait seul au salon, entre le marquis et madame de Vaubert, qui, ayant épuisé les ressources de son esprit et profondément découragée d'ailleurs, ne savait qu'imaginer pour abréger le cours des heures silencieuses. Bernard avait de temps en temps une certaine façon de les regarder tour à tour qui les faisait frissonner des pieds à la tête. Lui, si patient tant qu'Hélène avait été là pour le contenir ou pour l'apaiser avec un sourire, sur un mot du marquis ou de la baronne, il se livrait à des emportements qui les terrifiaient l'un et l'autre. Il avait remplacé le récit par l'action; il donnait des batailles au lieu d'en raconter; et lorsqu'il s'était retiré, le plus souvent pâle et froid de colère, sans avoir serré la main du vieux gentilhomme, demeurés seuls au coin du feu, le marquis et la baronne se regardaient l'un l'autre en silence. — Eh bien, madame la baronne? — Eh bien, monsieur le marquis, il faut voir, il faut attendre, disait encore une fois madame de Vaubert. Le marquis, les pieds sur les chenets et le nez sur la braise, s'abandonnait à de muets désespoirs, d'où la baronne n'essayait même plus de le tirer. Il s'attendait d'un jour à l'autre à recevoir un congé en forme. Ce n'est pas tout. M. de la Seiglière savait, à n'en pouvoir douter, qu'il était pour le pays, ainsi que l'avait dit M. Des Tournelles, un sujet de risée et de raillerie, en même temps qu'un objet de haine et d'exécration. Les lettres anonymes, distraction et passe-temps de la province, avaient achevé d'empoisonner sa vie imbibée déjà d'absinthe et de fiel. Il ne s'écoulait point de jour qui ne lui apportât à respirer quelqu'une de ces fleurs vénéneuses qui croissent et foisonnent dans le fumier des départements. Les uns le traitaient d'aristocrate et le menaçaient de la lanterne; les autres l'accusaient d'ingratitude envers son ancien fermier, et de vouloir déshériter le fils après avoir lâchement, traîtreusement dépouillé le père. La plupart de ces lettres étaient enrichies d'illustrations à la plume, petits tableaux de genre pleins de grâce et d'aménité, qui suppléaient avantageusement ou complétaient agréablement le texte. C'était, par exemple, une potence ornée d'un pauvre diable, figurant sans doute un marquis, ou bien le même personnage aux

prises avec un instrument fort en usage en 93. Pour
ajouter à tant d'angoisses, la gazette, que le marquis
lisait assidûment depuis son entretien avec le d'A-
guesseau poitevin, regorgeait de prédictions sinistres
et de prophéties lamentables ; chaque jour, le parti
libéral y était représenté comme un brûlot qui devait
incessamment faire sauter la monarchie, à peine restaurée. Ainsi se confirmaient déjà et menaçaient de
se réaliser toutes les paroles de l'exécrable vieillard.
Épouvanté, on le serait à moins, M. de la Seiglière
ne rêvait plus que bouleversements et révolutions.
La nuit, il se dressait sur son séant pour écouter la
bise qui lui chantait la *Marseillaise ;* lorsque enfin,
brisé par la fatigue, il réussissait à s'endormir, c'était
pour voir en songe le hideux visage du vieux jurisconsulte qui entr'ouvrait ses rideaux et lui criait :
— Mariez votre fille à Bernard! Or, le marquis n'é-
tait pas homme à se tenir longtemps dans une position si violente et qui répugnait à tous ses instincts.
Il n'avait ni la patience ni la persévérance qui sont
le ciment des âmes énergiques et des esprits forts.
Inquiet, irrité, humilié, exaspéré, las d'attendre et
de ne rien voir venir, acculé dans une impasse et
n'apercevant point d'issue, il y avait cent à parier
contre un que le marquis sortirait de là brusquement,
par un coup de foudre ; mais nul, pas même madame

de Vaubert, n'aurait pu prévoir quelle bombe allait éclater, si ce n'est pourtant M. Des Tournelles, qui en avait allumé la mèche.

Un soir d'avril, seule avec le marquis, madame de Vaubert était silencieuse et regardait d'un air visiblement préoccupé les lignes étincelantes qui couraient sur la braise à demi consumée. Il eût été facile, en l'observant, de se convaincre qu'une sourde inquiétude pesait sur son cœur. Son œil était vitreux, son front chargé d'ennuis ; les doigts crochus de l'égoïsme aux abois pinçaient et contractaient sa bouche, autrefois épanouie et souriante. Cette femme avait, à vrai dire, d'assez graves sujets d'alarmes. La situation prenait de jour en jour un caractère plus désespérant, et madame de Vaubert commençait à se demander si ce n'était pas elle qui allait se trouver enveloppée dans ses propres lacets. Décidément Bernard était chez lui ; et bien qu'elle n'eût pas encore perdu tout espoir, quoiqu'elle n'eût point encore jeté, comme on dit, le manche après la cognée, prévoyant cependant qu'une heure arriverait peut-être où M. de la Seiglière et sa fille seraient obligés d'évacuer la place, la baronne dressait déjà le plan de campagne qu'elle aurait à suivre dans le cas où les choses se dénoueraient aussi fatalement qu'il était permis de le craindre.

N'admettant pas que son fils épousât mademoiselle de la Seiglière sans autre dot que sa jeunesse, sa grâce et sa beauté, elle cherchait déjà de quelle façon elle devrait manœuvrer pour dégager, vis-à-vis d'Hélène et de son père, la parole et la main de Raoul. Tel était depuis quelques semaines le sujet inavoué de ses secrètes préoccupations.

Tandis que madame de Vaubert était plongée dans ces réflexions, assis à l'autre côté du foyer, le marquis, silencieux comme elle, se demandait avec anxiété de quelle façon il allait engager la bataille qu'il était sur le point de livrer, comment il devait s'y prendre pour dégager, vis-à-vis de Raoul et de sa mère, la parole et la main d'Hélène.

— Ce pauvre marquis! se disait la baronne en l'examinant de temps en temps à la dérobée; s'il faut en venir là, ce lui sera un coup terrible. Je le connais : il se console en pensant que, quoi qu'il arrive, sa fille sera baronne de Vaubert. Il m'aime, je le sais; voici près de vingt ans qu'il se complaît dans la pensée de resserrer notre intimité, et de la consacrer en quelque sorte par l'union de nos enfants. Excellent ami! où puiserai-je le courage d'affliger un cœur si tendre et si dévoué, de lui arracher ses dernières illusions? Je m'attends à des luttes acharnées, à des récriminations amères. Dans ses emporte-

ments, il ne manquera pas de m'accuser d'avoir
courtisé sa fortune et de tourner le dos à sa ruine.
Je serai forte contre lui et contre moi-même : je saurai l'amener à comprendre qu'il serait insensé de
marier nos deux pauvretés, inhumain de condamner
sa race et la mienne aux soucis rongeurs d'une médiocrité éternelle. Il s'apaisera ; nous gémirons ensemble, nous confondrons nos pleurs et nos regrets.
Viendront ensuite la douleur d'Hélène et les révoltes
de Raoul. Hélas ! ces deux enfants s'adorent ; Dieu
les avait créés l'un pour l'autre. Nous leur ferons
entendre raison. Au bout de six mois, ils seront consolés. Raoul épousera la fille de quelque opulent
vilain, trop heureux d'anoblir son sang et de décrasser ses écus. Quant au marquis, il est trop entiché
de ses aïeux et trop ancré dans ses vieilles idées pour
consentir jamais à s'enrichir par une mésalliance.
Puisqu'il tient aux parchemins, eh bien ! nous chercherons pour Hélène quelque hobereau dans nos
environs, et j'enverrai ce bon marquis achever de
vieillir chez son gendre.

Ainsi raisonnait madame de Vaubert, en mettant
les choses au pire. Toutefois, elle était loin encore
d'avoir lâché sa proie. Elle connaissait Hélène, elle
avait étudié Bernard. Si elle ne soupçonnait pas ce
qui se passait dans le cœur de la jeune fille, — ma-

demoiselle de la Seiglière ne le soupçonnait pas elle-
même, — la baronne avait su lire dans le cœur du
jeune homme, elle était plus avant que lui dans le
secret de ses agitations. Elle comprenait vaguement
qu'on pouvait tirer parti du contact de ces deux nobles âmes : elle sentait qu'il y avait là quelque chose
à trouver, un incident, un choc à susciter, une occasion à faire naître. Mais quoi? mais comment? Sa
raison s'y perdait, et son génie vaincu, mais non
rendu, s'indignait de son impuissance.

— Cette pauvre baronne! se disait le marquis en
jetant de loin en loin sur madame de Vaubert un regard timide et furtif; elle ne se doute guère du coup
que je vais lui porter. C'est, à tout prendre, un cœur
aimable et fidèle, une âme loyale et sincère. J'ai la
conviction qu'en tout ceci elle n'a voulu que mon bonheur; je jurerais qu'en vue d'elle-même, elle n'a pas
d'autre ambition que de voir son Raoul épouser mon
Hélène. Quoi qu'il arrivât, elle s'empresserait de nous
accueillir, ma fille et moi, dans son petit manoir, et
s'estimerait heureuse de partager avec nous sa modeste aisance. Que son fils épouse une la Seiglière,
ce sera toujours assez pour son orgueil, assez pour
sa félicité. Chère et tendre amie! il m'eût été bien
doux, de mon côté, de réaliser un rêve si charmant,
d'achever mes jours auprès d'elle. En apprenant

que nous devons renoncer à cet espoir si longtemps caressé, elle éclatera en reproches sanglants, hélas! et mérités peut-être. Cependant, en bonne conscience, serait-il raisonnable et sage d'exposer nos enfants aux rigueurs de la pauvreté, de nous enchaîner de part et d'autres par un lien de fer qui nous blesserait tôt ou tard, que nous finirions par maudire? La baronne est remplie de sens et de raison; les premiers transports apaisés, elle comprendra tout et se résignera; et, comme les Vaubert ne plaisantent pas sur les mésalliances, eh bien! Raoul est beau garçon, nous trouverons aisément pour lui, dans nos alentours, quelque riche douairière qui s'estimera trop heureuse de mettre, au prix de sa fortune, un second printemps dans sa vie.

Ainsi raisonnait le marquis, et, s'il faut tout dire, le marquis était dans ses petits souliers : il se fût senti plus à l'aise dans un buisson d'épines qu'en ce moment sur le coussin de son fauteuil. Il redoutait madame de Vaubert autant qu'une révolution; il avait la conscience de ses trahisons; à la pensée des orages qu'il allait affronter, il sentait son cœur défaillir. Enfin, par une résolution désespérée, prenant son courage à deux mains, il engagea l'affaire en tirailleur, par quelques coups de feu isolés et tirés à longs intervalles.

— Savez-vous, madame la baronne, s'écria-t-il tout-à-coup en homme peu habitué à ces sortes d'escarmouches, savez-vous que ce M. Bernard est un garçon vraiment bien remarquable? Ce jeune homme me plaît. Vif comme la poudre, prompt comme son épée, emporté, même un peu colère, mais loyal et franc comme l'or! Il n'est pas précisément beau; eh bien! j'aime ce mâle visage. Quels yeux! quel front! Il a le nez des races royales. Je voudrais savoir où ce gaillard a pris un pareil nez. Et sous sa brune moustache, avez-vous observé quelle bouche fine et charmante? Dieu me pardonne, c'est une bouche de marquis. De l'esprit, de la distinction; un peu brusque encore, un peu rude, mais déjà dégrossi, presque transfiguré depuis qu'il est au milieu de nous. C'est ainsi que l'or brut s'épure dans le creuset. Et puis, il n'y a pas à dire, c'est un héros; il est du bois dont l'empereur faisait des ducs, des princes et des maréchaux. Je le vois encore sur Roland: quel sang-froid! quel courage! quelle intrépidité! Tenez, baronne, je ne m'en cache pas: je ne suis point humilié quand je sens sa main dans la mienne.

— De qui parlez-vous, marquis? demanda nonchalamment madame de Vaubert, sans interrompre le cours de ses réflexions silencieuses.

— De notre jeune ami, répondit le marquis avec complaisance, de notre jeune chef d'escadron.

— Et vous dites...

— Que la nature a d'étranges aberrations, et que ce garçon aurait dû naître gentilhomme.

— Le petit Bernard?

— Vous pourriez bien dire le grand Bernard! s'écria le marquis en enfonçant ses mains dans les goussets de sa culotte.

— Vous perdez la tête, marquis, répliqua brièvement madame de Vaubert qui reprit son attitude grave et pensive.

Encouragé par un si beau succès, comme ces prudents guerroyeurs qui, après avoir déchargé leur arquebuse, se cachent derrière un arbre pour la recharger en toute sécurité, le marquis resta coi; il y eut encore un long silence, troublé seulement par le cri du grillon qui chantait dans les fentes de l'âtre et par les crépitations de la braise qui achevait de se consumer.

— Madame la baronne, s'écria brusquement M. de la Seiglière, ne vous semble-t-il pas que j'ai été un peu ingrat envers le bon M. Stamply? Je dois vous avouer que là-dessus ma conscience n'est pas parfaitement tranquille. Il paraît que, décidément, cet excellent homme ne m'a rien restitué, qu'il m'a tout donné. S'il en est ainsi, savez-vous que c'est un des plus beaux traits de dévouement et de générosité que l'histoire aura à enregistrer sur ses tablettes? Savez-vous, madame que ce vieux Stamply était une grande âme, et que ma fille et moi, nous devons des autels à sa mémoire?

Enfoncée trop avant dans son égoïsme pour pouvoir seulement s'inquiéter de savoir où le marquis voulait en venir, madame de Vaubert haussa les épaules et ne répondit pas.

M. de la Seiglière commençait à désespérer de trouver le joint, lorsqu'il se souvint fort à propos de la leçon de M. Des Tournelles. Il tendit la main vers un guéridon de laque, prit une gazette, et, tout en ayant l'air d'en parcourir les colonnes :

— Madame la baronne, demanda-t-il d'un air distrait, avez-vous suivi en ces derniers temps les papiers publics?

— A quoi bon? répliqua madame de Vaubert avec un léger mouvement d'impatience; en quoi voulez-vous que ces sottises m'intéressent?

— Par l'épée de mes pères! madame, s'écria le marquis laissant tomber le journal, vous en parlez bien à votre aise. Sottises, j'en conviens; sottises, ant que vous voudrez; mais, vive Dieu! je ne m'y connais pas, ou ces sottises nous intéressent, vous et moi, beaucoup plus que vous ne paraissez le croire.

— Voyons, marquis, que se passe-t-il? demanda madame de Vaubert d'un air ennuyé. Sa Majesté daigne jouir de la santé la plus parfaite ; nos princes chassent; on danse à la cour; le peuple est heureux, la canaille a le ventre plein : que voyez-vous en tout cela qui doive nous alarmer ?

— Voilà trente ans, nous ne tenions pas un autre langage, dit le marquis ouvrant sa tabatière et y plongeant délicatement le pouce et l'index; la canaille avait le ventre plein, nos princes chassaient, on dansait à la cour, Sa Majesté se portait à merveille : ce qui n'empêcha pas, un beau matin, le vieux trône de France de craquer, de crouler, de nous entraîner dans sa chute, et de nous ensevelir, morts ou vivants, sous ses décombres. Vous demandez ce qui se passe? Ce qui se passait alors : nous sommes sur un volcan.

— Vous êtes fou, marquis, dit madame de Vaubert, qui, tout entière à ses préoccupations, médiocrement convaincue d'ailleurs de l'opportunité d'une discussion politique entre onze heures et minuit, ne crut pas devoir prendre la peine de relever et de combattre les opinions du vieux gentilhomme.

— Je vous répète, madame la baronne, que nous sommes sur un volcan. La révolution n'est pas morte ; c'est un feu mal éteint qui couve sous la cendre. Vous le verrez au premier jour éclater et consumer les débris de la monarchie. Il est un antre où se réunissent un tas de vauriens qui se disent les représentants du peuple ; c'est une mine creusée sous le trône et qui le fera sauter comme une poudrière. Les libéraux ont hérité des sans-culottes ; le libéralisme achèvera ce qu'a commencé 93. Reste à savoir si nous nous laisserons encore une fois écraser sous les ruines de la royauté, ou si nous chercherons notre salut dans le sein même des idées qui menacent de nous engloutir.

— Eh ! marquis, dit la baronne, c'est bien de cela qu'il s'agit. Vous vous préoccupez d'un incendie imaginaire, et ne voyez pas que votre maison brûle.

— Madame la baronne, s'écria le marquis, je ne suis pas égoïste, je puis dire hautement que l'intérêt personnel ne fut jamais mon fait ni ma devise. Que ma maison brûle ou non, cela importe peu. Ce n'est pas de moi qu'il s'agit ici, c'est de notre avenir à nous tous. Qui se soucie, en effet, que la race des la Seiglière s'éteigne silencieusement dans l'oubli et l'obscurité ? Ce qu'il importe, madame, c'est que la noblesse de France ne périsse point.

— Je suis curieuse de savoir comment vous vous y prendrez pour que la noblesse de France ne périsse point, répliqua madame de Vaubert, qui, à cent lieues de soupçonner le but où tendait le marquis, n'avait pu s'empêcher de sourire en voyant ce frivole esprit aborder étourdiment des considérations si ardues et si périlleuses.

— Grave question que j'ai pu soulever, mais qu'il ne m'appartient pas de résoudre, s'écria M. de la Seiglière, qui, se sentant enfin dans la bonne voie, avança d'un pas plus assuré, et prit bientôt un trot tout gaillard. Cependant, s'il m'était permis d'émettre quelques idées sur un sujet si important, je dirais que ce n'est pas en s'isolant dans ses terres et dans ses châteaux que la noblesse pourra ressaisir la prépondérance qu'elle avait autrefois dans les destinées du pays. Peut-être oserais-je ajouter — bien bas — que nos vieilles familles se sont alliées trop longtemps entre elles ; que, faute d'être renouvelé, le sang patricien est usé ; que, pour retrouver la force, la chaleur et la vie, près de lui échapper, il a besoin de se mêler au sang plus jeune, plus chaud, plus vivace du peuple et de la bourgeoisie ; enfin, madame la baronne, je chercherais à démontrer que, puisque le siècle marche, nous devons marcher avec lui, sous peine de rester en chemin, ou d'être écrasés dans l'ornière. C'est dur à penser, mais il faut avoir pourtant le courage de le reconnaître : les Gaulois l'emportent, les Francs n'ont de salut à espérer qu'à la condition de se rallier au parti des vainqueurs, et de se recruter dans leurs rangs.

Ici, madame de Vaubert, qui, dès les premiers mots de ce petit discours, s'était tournée peu à peu du côté de l'orateur, s'accouda sur le bras du fauteuil dans lequel elle était assise, et parut écouter le marquis avec une curieuse attention.

— Voulez-vous savoir, madame la baronne, reprit M. de la Seiglière, maître enfin de son auditoire, voulez-vous savoir ce que me disait l'autre jour le célèbre Des Tournelles, un des esprits les plus vastes, les plus éclairés de notre époque? — Monsieur le marquis, me disait ce grand jurisconsulte, les temps sont mauvais; adoptons le peuple pour qu'il nous adopte; descendons jusqu'à lui pour qu'il ne monte pas jusqu'à nous. Il en est aujourd'hui de la noblesse comme de ces métaux précieux qui ne peuvent se solidifier qu'en se combinant avec un grain d'alliage. — Pensée si profonde que j'en eus d'abord le vertige. A force d'y regarder, je découvris la vérité au fond. Vérité cruelle, j'en conviens; mais mieux vaut encore, au prix de quelques concessions, nous assurer la conquête de l'avenir, que de nous coucher et de nous ensevelir dans le linceul d'un passé qui ne reviendra plus. Eh! ventre-saint-gris, s'écria-t-il en se levant et marchant à grands pas dans la chambre, voilà assez longtemps qu'on nous représente aux yeux du pays comme une caste incorrigible, repoussant de son sein tout ce qui n'est pas elle, infatuée de ses titres, n'ayant rien appris ni rien oublié, remplie de morgue et d'insolence, ennemie de l'égalité. L'heure est venue d'en finir avec ces basses calomnies et ces sottes accusations; mêlons-nous à la foule, ouvrons-lui nos portes à deux battants, et que nos ennemis apprennent à nous respecter en apprenant à nous connaître!

A ces mots, M. de la Seiglière, épouvanté de sa propre audace, regarda timidement madame de Vaubert et prit l'attitude d'un homme qui, après avoir allumé la traînée de poudre qui doit faire sauter une mine, n'a pas eu le temps de s'enfuir, et se prépare à recevoir un quartier de roc sur la tête. Il en advint tout autrement. La baronne, qui avait une assez pauvre opinion de son vieil ami, pour ne pas suspecter sa candeur et sa probité, était bien d'ailleurs trop préoccupée d'elle-même pour soupçonner qu'en ce bas-monde il pût exister à cette heure un autre moi que son moi, un autre intérêt que le sien.

Sans songer seulement à se demander d'où venaient au marquis des aperçus si neufs et si hardis, madame de Vaubert ne vit d'abord et ne comprit qu'une chose, c'est que le marquis entr'ouvrait lui-même la porte par laquelle Raoul pourrait un jour s'échapper, s'il en était besoin.

— Marquis, s'écria-t-elle avec empressement, ce que vous dites là est plein de sens ; et quoique je n'aie jamais douté de votre haute raison, bien que j'aie toujours soupçonné sous la grâce de vos apparences un esprit sérieux et réfléchi, cependant je dois convenir que je suis aussi surprise que charmée de vous trouver dans un ordre d'idées si élevées et si judicieuses. Je vous en fais mes compliments.

A ces mots, le marquis releva la tête, et regarda madame de Vaubert de l'air d'un homme à qui l'on vient de jeter une poignée de roses à la face, au lieu d'une volée de mitraille qu'il s'attendait à recevoir. Trop égoïste, de son côté, pour rien supposer en dehors de lui-même, loin de chercher à se rendre compte des suffrages de la baronne, il ne songea qu'à s'en réjouir.

— C'est un peu notre histoire à tous, répliqua-t-il gaîment en se caressant le menton avec une adorable fatuité. Parce qu'il nous est échu quelque grâce, les pédants et les cuistres se vengent de la supériorité de nos manières en nous déniant l'intelligence. Quand nous daignerons nous en mêler, nous prouverons que tous les champs de bataille nous sont bons, on nous verra jouer de la parole et de la pensée comme autrefois du glaive et de la lance.

— Marquis, reprit madame de Vaubert, qui tenait à conserver à l'entretien le tour qu'il avait pris d'abord, pour en revenir aux considérations auxquelles vous vous livriez tout à l'heure, il est certain que c'en est fait de la noblesse, si, au lieu de chercher à se créer des alliances, elle continue, comme vous l'avez dit excellemment, de s'isoler dans ses terres, et de s'enfermer dans son orgueil. C'est un édifice chancelant, qui croulera d'un jour à l'autre, si nous n'avons l'art et l'habileté de transformer les béliers qui l'ébranlent en arcs-boutants qui le soutiennent. En d'autres termes, passez-moi l'image, peut-être un peu crue, pour nous préserver des atteintes du peuple, il ne nous reste plus qu'à nous l'inoculer.

— C'est, par Dieu! bien cela, s'écria M. de la Seiglière, de plus en plus joyeux de ne pas rencontrer l'opposition qu'il avait redoutée. Décidément, baronne, vous êtes admirable! Vous comprenez tout; rien ne vous surprend, rien ne vous émeut, rien ne vous étonne. Vous avez l'œil de l'aigle; vous regarderiez le soleil en face sans en être éblouie. Cette pauvre baronne! ajouta-t-il mentalement en se frottant les mains; elle s'enferre, avec tout son esprit.

— Ce bon marquis! pensait de son côté madame de Vaubert; je ne sais quelle mouche le pique, mais l'étourdi me fait la partie belle : il vient lui-même de jeter le filet dans lequel, au besoin, je le prendrai plus tard. Marquis, s'écria-t-elle, voilà bien longtemps que j'avais ces idées; mais j'avoue que je craignais, en vous les communiquant, d'irriter vos susceptibilités, et de m'aliéner votre cœur.

— Par exemple! répliqua le marquis; quelle opinion, baronne, aviez-vous de votre vieil ami? D'ailleurs, outre qu'en vue de notre sainte cause, il n'est point d'épreuve à laquelle je ne puisse me soumettre et me résigner, je dois vous dire que je ne sentirais, pour ma part, aucune répugnance à donner l'exemple en m'aventurant le premier dans l'unique voie de salut qui nous soit offerte. J'ai toujours donné l'exemple; c'est moi qui émigrai le premier. Autres temps, autres mœurs! Je ne suis pas le marquis de Carabas, moi! je marche avec mon siècle. Le peuple a gagné ses éperons et conquis ses titres de noblesse; il a, lui aussi, ses duchés, ses comtés et ses marquisats; c'est Eylau, c'est Wagram, c'est la Moscowa; ces parchemins en valent d'autres. Au reste, madame la baronne, j'excuse vos scrupules et j'admets vos hésitations; car moi-même, si j'ai tardé si longtemps à m'ouvrir à vous là-dessus, c'est que je craignais d'effaroucher vos préjugés, et de me mettre en guerre avec une amie si fidèle.

— C'est étrange, se dit madame de Vaubert, qui commençait à dresser les oreilles; où le marquis veut-il en arriver? Effaroucher mes préjugés! s'écria-t-elle; me prenez-vous pour la baronne de Pretintailles? M'a-t-on jamais vue refuser de reconnaître ce qu'il y a chez le peuple de grand, de noble, de généreux? M'a-t-on jamais surprise à dénigrer la bourgeoisie? Ne sais-je pas bien que c'est au sein de la roture que se sont réfugiés aujourd'hui les sentiments, les mœurs et les vertus de l'âge d'or?

— Oh! oh! oh! se dit le marquis, à qui la réflexion commençait de venir, tout ceci n'est pas clair; il y a quelque serpent sous roche.

— Quant à vous mettre en guerre avec moi, sérieusement, marquis, l'avez-vous craint? ajouta madame de Vaubert; c'est qu'alors vous présumiez de mon cœur tout aussi mal que de mon esprit. Vous savez bien, aimable ami, que je ne suis pas égoïste. Que de fois n'ai-je pas été sur le point de vous rendre votre parole, en songeant qu'en échange de l'opulence que lui apporterait votre fille, mon fils ne

donnerait qu'un grand nom, le plus lourd de tous
les fardeaux !

— Ah çà, se dit le marquis, est-ce que cette rusée
baronne, pressentant ma ruine prochaine, cherche-
rait à dégager la main de son fils? Pour le coup ce
serait trop fort. Madame la baronne, s'écria-t-il, c'est
absolument comme moi. Bien souvent je me suis
accusé d'entraver l'avenir de M. de Vaubert; je me
demande bien souvent avec effroi si ma fille ne sera
pas un obstacle dans la destinée de ce noble jeune
homme.

— Ah çà, se dit madame de Vaubert, qui voyait
se dessiner dans la brume le rivage vers lequel le
marquis dirigeait sa barque, est-ce que ce retors de
marquis aurait la prétention de me jouer? Comblé
de mes bontés, ce serait vraiment trop infâme!
Certes, marquis, répliqua-t-elle, il m'en coûterait
de rompre des liens si charmants; cependant, si
votre intérêt l'exigeait, je saurais vous immoler le
plus doux rêve de ma vie tout entière.

— Le tour est fait, pensa le marquis, je suis joué;
mais ça m'est égal. Seulement, devais-je m'attendre
à un pareil trait de perfidie de la part d'une amie de
trente ans? Comptez maintenant sur le désintéressement des affections et sur la reconnaissance des fem-

mes ! Baronne, reprit-il avec un sentiment de résignation douloureuse, s'il fallait renoncer à l'espoir d'unir un jour ces deux enfants, mon cœur ne s'en relèverait jamais ; rien qu'en y songeant, il se brise. Toutefois, en vue de vous, noble amie, en vue de votre bien-aimé fils, il n'est pas de sacrifice qui ne soit au-dessous de mon abnégation et de mon dévouement.

Madame de Vaubert étouffa dans son cœur un rugissement de lionne blessée, puis, après un instant de farouche silence, fixant tout à coup sur le vieux gentilhomme un œil étincelant :

— Marquis, dit-elle, regardez-moi en face.

Au ton dont furent dits ces trois mots, comme un lièvre trottant sur la bruyère, et qui, en levant le nez, aperçoit à dix pas devant lui le chasseur qui le couche en joue, le marquis tressaillit, et regarda madame de Vaubert d'un air effaré.

— Marquis, vous êtes un fourbe !

— Madame la baronne...

— Vous êtes un traître !

— Ventre-saint-gris, madame !...

— Vous êtes un ingrat !

Atterré, foudroyé, M. de la Seiglière resta muet sur place. Après avoir joui quelques instants de sa stupeur et de son épouvante :

— J'ai pitié de vous, dit enfin madame de Vaubert ; je vais vous épargner l'humiliation d'un aveu que vous ne pourriez faire sans mourir de honte à mes pieds. Vous avez résolu de marier votre fille à Bernard.

— Madame...

— Vous avez résolu de marier votre fille à Bernard, répéta madame de Vaubert avec autorité. Cette résolution, je l'ai vue germer et fleurir sous l'engrais de votre égoïsme : voici près d'un mois que j'assiste, à votre insu, au travail qui se fait en vous. Comment vous êtes-vous avisé de vouloir jouer avec moi au plus fin et au plus habile ? comment n'avez-vous pas compris qu'à pareil jeu vous perdriez à coup sûr la partie ? Ce soir, au premier mot qui vous est échappé, vous vous êtes trahi. Depuis un mois, je vous observais, je vous guettais, je vous voyais venir. Ainsi, monsieur le marquis, tandis que mon esprit, qui répugne aux détours, s'épuisait pour vous seul en combinaisons de tout genre ; tandis que je sacrifiais au soin de vos intérêts mes goûts, mes instincts, jusqu'à la droiture de mon caractère, vous, au mépris de la foi jurée, vous tramiez contre moi la plus noire des perfidies ; vous complotiez de livrer à votre ennemi la fiancée de mon fils et la place que je défendais ; vous méditiez de porter un coup de

Jarnac au champion qui combattait pour vous!

— Vous allez trop loin, madame la baronne, répliqua le marquis, confus comme un pêcheur qui se serait pris dans sa nasse. Je n'ai rien résolu, je n'ai rien décidé : seulement, j'en conviens, depuis que je sais que le bon M. Stamply ne m'a rien restitué, qu'il m'a tout donné, je me sens plier sous le poids de la reconnaissance; et comme, nuit et jour, je me creuse la tête et le cœur pour trouver de quelle façon nous pourrions, ma fille et moi, nous acquitter envers la mémoire de ce généreux vieillard, il est possible que la pensée me soit venue...

— Vous, monsieur le marquis, vous, plier sous le poids de la reconnaissance! s'écria madame de Vaubert l'interrompant avec explosion. A moins que vous ne vouliez rire, ne venez pas me conter de ces choses-là. Je vous connais, vous êtes un ingrat. Vous vous souciez de la mémoire du vieux Stamply tout juste autant que vous vous êtes soucié de sa personne. D'ailleurs, vous ne lui deviez rien: c'est à moi que vous devez tout. Sans moi, votre ancien fermier serait mort sans même s'inquiéter de savoir si vous existiez. Sans moi, vous et votre fille, vous grelotteriez à cette heure au coin de votre petit feu d'Allemagne. Sans moi, vous n'auriez jamais remis le pied dans le château de vos ancêtres. Que vous le savez bien! mais vous feignez de l'ignorer, parce qu'encore une fois vous êtes un ingrat. Tenez, marquis, jouons cartes sur table. Ce n'est pas la reconnaissance, c'est l'égoïsme qui vous tient. Cela vous enrage, de marier votre fille au fils de votre ancien fermier; vous en avez pâli, vous en avez maigri, vous en dessécherez. Vous haïssez le peuple, vous exécrez Bernard; vous ne comprenez rien, vous n'avez rien compris au mouvement qui s'est fait et qui se fait encore autour de nous. Vous êtes plus fier, plus orgueilleux, plus entêté, plus arriéré, plus infesté d'aristocratie, plus ncorrigible, en un mot, qu'aucun marquis de chanson, de vaudeville et de comédie. Marquis de Carabas, c'est vous qui l'avez dit; mais vous avez encore plus d'égoïsme que d'orgueil.

— Eh bien, ventre-saint-gris! vous en penserez tout ce que vous voudrez, s'écria le marquis jetant pour le coup son bonnet par-dessus les moulins. Ce que je sais, moi, c'est que je suis las du rôle que vous me faites jouer; c'est que depuis longtemps le cœur m'en lève, c'est que je suis indigné de tant de ruses et de basses manœuvres, c'est que j'en veux finir à tout prix. Morbleu! vous l'avez dit, ma fille épousera Bernard.

— Prenez garde, marquis, prenez garde!...

— Accablez-moi de vos mépris et de vos colères;

traitez-moi de fourbe et d'ingrat, jetez-moi au visage les noms d'égoïste et de traître ; vous le pouvez, vous en avez le droit. Vous êtes si désintéressée, vous, madame ! Dans toute cette affaire, vous vous êtes montrée si franche, si loyale ! Sur la fin de ses jours, vous avez été si bonne pour le pauvre vieux Stamply ! Vous avez entouré sa vieillesse de tant de soins, de tendresse et d'égards ! En bonne conscience, vous lui deviez cela, car c'est vous qui l'avez amené à se dépouiller de tous ses biens.

— C'était pour vous, cruel !

— Pour moi ! pour moi ! dit le marquis hochant la tête ; madame la baronne, à moins que vous ne vouliez rire, il ne faut pas venir me conter de ces choses-là.

— Il vous sied bien de m'accuser d'ingratitude, reprit avec hauteur madame de Vaubert, vous, donataire, qui avez abreuvé d'amertume le donateur !

— Je ne savais rien, moi ; mais vous qui saviez tout, vous avez été sans pitié.

— C'est vous, s'écria la baronne, qui avez chassé votre bienfaiteur de sa table et de son foyer !

— C'est vous, s'écria le marquis, vous qui, après avoir capté la confiance d'un vieillard crédule et sans défense, l'avez repoussé du pied et laissé mourir de chagrin.

— Vous l'avez relégué à l'antichambre !

— Vous l'avez plongé au tombeau !

— C'est la guerre, marquis.

— Eh bien ! va pour la guerre, s'écria le marquis; je ne mourrai pas sans l'avoir faite au moins une fois.

— Songez-y, marquis : la guerre impitoyable, la guerre sans trêve, la guerre sans merci !

— Une guerre à mort, madame la baronne, dit le marquis en lui baisant la main.

A ces mots, madame de Vaubert se retira menaçante et terrible, tandis que le marquis, resté seul, cabriolait de joie, comme un chevreau, dans le salon. De retour au manoir, après avoir long-temps marché à grands pas dans sa chambre, se frappant le front et se pressant la poitrine avec rage, elle ouvrit brusquement la fenêtre, et, comme une chatte qui guette une souris, tomba en arrêt devant le château de la Seiglière, dont la lune faisait en cet instant étinceler toutes les vitres. Malgré la fraîcheur de la nuit, elle demeura près d'une heure, accoudée sur le balcon, en contemplation muette. Tout à coup son front rayonna, ses yeux s'illuminèrent, et, comme Ajax menaçant les dieux,

jetant au château un geste de défi, elle s'écria : —
Je l'aurai ! Cela dit, la baronne écrivit à Raoul ce
seul mot : « Revenez. » Puis, s'étant couchée, elle
s'endormit en souriant de ce sourire que doit avoir
le génie du mal lorsqu'il a résolu la perte d'une
âme.

CHAPITRE XI.

A partir de cette soirée mémorable, madame de Vaubert ne reparut plus au château, et le château s'en trouva bien. Durant le peu de jours qui s'écoulèrent jusqu'au dénoûment de cette histoire, il s'établit entre Bernard et le marquis des relations plus douces que ne l'avaient été les premières. N'étant plus irrité par la présence de la baronne, contre qui Bernard avait toujours nourri, en dépit de lui-même, un vague sentiment de défiance et une sourde colère, ce jeune homme redevint plus familier et plus traitable ; de son côté, depuis quelques semaines, le marquis avait pris peu à peu, vis-à-vis de son hôte, une attitude plus cordiale, plus affectueuse, presque tendre. Tous deux paraissaient avoir modifié, pour se complaire, leurs opinions et leur langage. Le soir, au coin du feu, réduits au tête-à-tête, ils causaient, discutaient et ne disputaient plus. D'ailleurs, depuis la disparition de madame de Vaubert, leurs entretiens avaient un tour moins politique et plus intime. Le marquis parlait des joies de la famille, des félicités du mariage ; parfois il laissait échapper des paroles qui faisaient frissonner Bernard et passaient sur son cœur comme de chaudes bouffées de bonheur. Il arriva qu'un soir M. de la Seiglière exigea doucement que sa fille restât au salon, au lieu de se retirer dans sa chambre. La contrainte des premiers instants une fois dissipée, cette soirée s'écoula en heures enchantées : le marquis s'y montra spirituel, aimable, étourdi ; Bernard, heureux et triste ; Hélène, rêveuse, silencieuse et souriante. Le lendemain, les deux jeunes gens se rencontrèrent dans le parc ; le charme recommença, plus inquiet, il est vrai, qu'il ne l'avait été d'abord, plus voilé, partant plus charmant.

Cependant, comment aborder la question vis-à-vis d'Hélène ? Par quels sentiers détournés et couverts l'amener au but désiré ? Pour rien au monde, le marquis n'aurait consenti à lui révéler la position humiliante dans laquelle ils se trouvaient depuis six mois, elle et lui, vis-à-vis de Bernard. Il connaissait trop bien la noble et fière créature, il savait trop bien à quelle âme il avait affaire. C'était pourtant cette âme honnête et simple qu'il s'agissait de rendre complice de l'égoïsme et de la trahison.

Un jour M. de la Seiglière était plongé dans ces réflexions, lorsqu'il sentit deux bras caressants s'enlacer autour de son cou : en levant les yeux, il aperçut, comme un lis penché au-dessus de sa tête, le visage d'Hélène qui le regardait en souriant. Par un mouvement de brusque tendresse, il l'attira sur son cœur, et l'y tint longtemps embrassée, en couvrant ses blonds cheveux de caresses et de baisers. Lorsqu'elle se dégagea de ces étreintes, Hélène vit deux larmes rouler dans les yeux de son père qui ne pleurait jamais.

— Mon père, s'écria-t-elle en lui prenant les mains avec effusion, vous avez des chagrins que vous cachez à votre enfant. Je le sais, j'en suis sûre ; ce n'est pas d'aujourd'hui que je m'en aperçois. Mon père, qu'avez-vous? dans quel cœur, si ce n'est dans le mien, verserez-vous les afflictions du vôtre ? Ne suis-je plus votre bien-aimée fille ? Quand nous vivions tous deux au fond de notre pauvre Allemagne, je n'avais qu'à sourire, vous étiez consolé. Mon père, parlez-moi. Il se passe autour de nous quelque chose d'étrange, d'inexplicable. Qu'est devenue cette aimable gaieté qui faisait la joie de mon âme? Vous êtes triste ; madame de Vaubert paraît inquiète ; moi-même je m'agite et je souffre, parce que sans doute je sens que vous souffrez. Pourquoi souffrez-vous? si ma vie n'y peut rien, ne me le dites pas.

En voyant ainsi la victime s'offrir d'elle-même sur l'autel du sacrifice, le marquis ne se contint plus; à ces accents si vrais, à cette voix si charmante et si tendre, le vieil enfant fondit en larmes dans le sein d'Hélène éperdue.

— O mon Dieu! que se passe-t-il? De tous les malheurs qui peuvent vous atteindre, en est-il donc un seul qui soit plus grand que mon amour! s'écria mademoiselle de la Seiglière, qui se jeta dans les bras de son père en éclatant elle-même en sanglots.

Quoique sincèrement ému et véritablement attendri, le marquis jugea l'occasion trop belle pour être négligée, l'affaire assez bien engagée pour mériter d'être poursuivie. Un instant, il fut sur le point de tout dire, de tout avouer : la honte le retint, et aussi la crainte de venir échouer contre l'orgueil d'Hélène, qui ne manquerait pas de se révolter au premier aperçu du rôle qu'on lui réservait dans le dénoûment de cette aventure. Il se prépara donc encore une fois à tourner la vérité, au lieu de l'aborder de front. Ce n'est pas que cette façon d'agir allât précisément à la nature de son caractère, bien loin de là ; mais le marquis était hors de ses gonds. Madame de Vaubert l'avait engagé dans une voie funeste d'où il ne pouvait désormais se tirer qu'à force de ruse et d'adresse. Une fois hors de la grande route, ou ne peut y rentrer qu'en prenant à travers champs, ou par les chemins de traverse. Après avoir essuyé les pleurs de sa fille et s'être remis lui-même d'une si vive émotion, il débuta par répéter, avec quelques variantes, la scène qu'il avait jouée devant la baronne : car, il faut bien le reconnaître, ce n'était pas comme madame de Vaubert, une imagination fertile en expédients ; toutefois, grâce aux leçons qu'il avait reçues en ces derniers temps, le marquis avait déjà plus d'un bon tour dans sa gibecière. Il se lamenta donc sur la rigueur et sur l'inclémence des temps ; il gémit sur les destinées de l'aristocratie qu'il représentait, image nouvelle autant qu'originale, comme un navire incessamment battu par le flot révolutionnaire. Profitant de l'ignorance d'Hélène, qui avait vécu toujours en dehors des préoccupations de la chose publique, il peignit, avec de sombres couleurs l'incertitude du présent, les menaces de l'avenir. Il employa tous les mots du vocabulaire alors en usage ; il fit défiler et parader tous les spectres et tous les fantômes que les journaux ultra-royalistes expédiaient sous bande, chaque matin, à leurs abonnés. Le sol était miné, l'horizon chargé de tempêtes : l'hydre des révolutions redressait ses sept têtes ; le cri, guerre aux châteaux ! allait retentir d'un instant

à l'autre ; le peuple et la bourgeoisie, comme deux
hyènes dévorantes, n'attendaient qu'un signal pour
se ruer sur la noblesse sans défense, se gorger de
son sang et se partager ses dépouilles. On n'était pas
sûr que M. de Robespierre fût bien mort ; le bruit
courait que l'ogre de Corse s'était échappé de son
île. Enfin il mit en jeu et entassa pêle-mêle tout ce
qu'il pensa devoir effrayer une jeune imagination.
Lorsqu'il eut tout dit :

— N'est-ce que cela, mon père ? demanda mademoiselle de la Seiglière avec un sourire plein de
calme et de sérénité. Si le sol est miné sous nos
pieds, si le ciel est noir, si la France, comme vous
le dites, nous exècre et veut notre ruine, que faisons-nous ici ? Partons, retournons dans notre
chère Allemagne ; allons y vivre comme autrefois,
pauvres, ignorés et paisibles. Si l'on crie : guerre
aux châteaux ! on doit crier aussi : paix aux chaumières ! Que nous faut-il de plus ? le bonheur vit de
peu, l'opulence ne vaut pas un regret.

Ce n'était pas l'affaire du vieux gentilhomme, qui
savait heureusement un chemin plus sûr pour arriver à ce noble cœur.

— Mon enfant, répliqua-t-il en branlant la tête,
ce sont là de beaux sentiments : voilà quelque
trente ans, je n'en avais pas d'autres. Je fus un des

premiers qui donnèrent le signal de l'émigration ; patrie, château, fortune héréditaire, domaine des aïeux, j'abandonnai tout, rien ne me coûta pour offrir cette preuve de dévouement et de fidélité à la royauté en danger. J'étais jeune alors et vaillant. Aujourd'hui, je suis vieux, mon Hélène : le corps trahit le cœur ; le sang ne sert plus le courage ; la ame a usé le fourreau. Je ne suis plus qu'un pauvre vieillard, mangé de goutte et de rhumatismes, criblé de douleurs et d'infirmités. Par crainte d'alarmer ta tendresse, j'ai soigneusement caché jusqu'ici les souffrances et les maux que j'endure. Le fait est, ma fille, que je n'en puis plus. On me croit frais et vert, ingambe et bien portant ; à me voir, il n'est personne qui ne me donnât hardiment encore un demi-siècle à vivre. Trompeuses apparences ! de jour en jour, je décline et m'affaisse. Regarde mes pauvres jambes, si l'on ne dirait pas des fuseaux ! ajouta-t-il en montrant d'un air piteux un mollet vigoureux et rond. J'ai la poitrine bien malade ! Ne nous faisons pas illusion : je ne suis plus qu'un rameau de bois mort qu'emportera bientôt un coup de bise.

— Oh ! mon père, mon père, que dites-vous là ! s'écria mademoiselle de la Seiglière en se jetant tout éplorée au cou du nouveau Sixte-Quint.

— Va, mon enfant, ajouta le marquis avec mélancolie, quelque force morale qu'on ait reçue du ciel, il est cruel à mon âge de reprendre le chemin de l'exil et de la pauvreté, alors qu'on n'a plus ici-bas d'autre espoir ni d'autre ambition que de s'éteindre tranquillement et de mêler ses os à la cendre de ses ancêtres.

— Vous ne mourrez pas, vous vivrez, dit Hélène avec assurance, en le pressant contre son sein. Dieu, que je prie pour vous dans toutes mes prières, Dieu, juste et bon, vous doit à mon amour ; il me fera la grâce de prendre sur ma vie pour prolonger la vôtre. Quant à l'autre péril qui nous menace, mon père, est-il si grand et si pressant que vous semblez l'imaginer ? Laissez-moi vous dire que vous vous alarmez peut-être hors de propos. Pourquoi le peuple vous haïrait-il ? Vos paysans vous aiment, parce que vous êtes bon pour eux. Quand je passe le long des haies, ils interrompent leurs travaux pour me saluer avec bienveillance; du plus loin qu'ils m'aperçoivent, les petits enfants viennent à moi, joyeux et bondissants; plus d'une fois, sous le chaume, les mères ont pris ma main pour la porter doucement à leurs lèvres. Ce n'est point là le peuple qui nous hait. Vous parlez de sol miné, de bruits sinistres, de sombre horizon ? Regardez, la terre fleurit et verdoie, le ciel est bleu, l'horizon est pur ; je n'entends d'autres

cris que le sifflement du pinson et le chant éloigné
des bouviers et des pâtres ; je ne vois d'autre révo
lution que celle que le printemps vient d'accompli.
contre l'hiver.

— Aimable jeune cœur, qui ne voit et n'entend
sur cette terre de méchants que les images de la
nature et les harmonies de la création ! dit le marquis en baisant le front d'Hélène avec une émotion
sincère. Mon enfant, ajouta-t-il après un instant de
silence, voici bientôt trente ans, les choses ne se
passaient pas autrement. Comme aujourd'hui, les
champs se paraient de verdure et de fleurs, les pâtres chantaient sur le flanc des collines, les pinsons
sifflaient sous la feuille naissante ; et ta mère, ma
fille, ta belle et noble mère, était comme toi l'ange
béni de ces campagnes. Pourtant il fallut fuir. Crois-
en ma vieille expérience, l'avenir est sombre et menaçant. C'est presque toujours sous ces cieux sereins
que s'agite la colère des hommes et qu'éclate la foudre des révolutions. Supposons cependant que le
péril soit loin encore ; admettons que j'aie le temps
de mourir sous le toit de mes pères. Puis-je mourir
en paix, avec l'idée que je te laisserai seule, sans
soutien, sans appui, au milieu de l'orage et de la
tourmente ? Quand je ne serai plus, que deviendra
ma fille bien-aimée ? Est-ce M. de Vaubert qui te

protégera dans ces temps d'épouvante ? Malheureux enfants, vous avez tous deux un nom qui attire le tonnerre. Vous n'aurez fait, en vous unissant, que doubler vos chances funestes ; vous ne serez l'un pour l'autre qu'une charge, un danger de plus; chacun de vous aura contre lui deux fatalités au lieu d'une ; vous vous dénoncerez l'un l'autre à la fureur des haines populaires. J'en causais l'autre soir affectueusement avec la baronne : dans notre sollicitude alarmée, nous nous demandions s'il était bien prudent et sage de donner suite à ces projets d'union.

A ces mots, Hélène tressaillit et tourna vers son père un regard de biche effarouchée.

— Et même j'ai cru entrevoir, ajouta M. de la Seiglière, que la baronne ne serait pas éloignée de me rendre ma parole et de reprendre la sienne en échange. Marquis, me disait-elle avec cette haute raison qui ne l'abandonne jamais, unir ces deux enfants, n'est-ce pas vouloir que deux vaisseaux en perdition essayent de se sauver l'un l'autre? Isolés, ils ont encore, chacun de son côté, chance de s'en tirer ; ils sombrent à coup sûr, en mariant leurs fortunes. — Ainsi parlait la mère de Raoul. Je dois ajouter que c'est aussi l'avis du célèbre des Tourelles, vieil ami de notre famille, et qui, sans t'avoir jamais vue, te porte le plus vif intérêt. — Marquis me disait un jour ce grand jurisconsulte, un des plus vastes esprits de notre époque, donner votre fille au jeune de Vaubert, c'est l'abriter, par un temps d'orage, sous un chêne en rase campagne, c'est appeler sur sa tête le feu du ciel.

— Mon père, répondit la jeune fille avec une froide dignité, M. des Tournelles n'a rien à voir ici ; c'est à peine si je reconnais à madame de Vaubert elle-même le droit de dégager ma main de celle de son fils. M. de Vaubert et moi, nous sommes devant Dieu engagés l'un à l'autre. J'ai sa parole, il a la mienne : Dieu, qui a reçu nos serments, pourrait seul nous en délier.

— Loin de moi la pensée, s'écria le marquis, de vouloir te prêcher la trahison et le parjure ! Je crains seulement que tu ne t'exagères la gravité et la solennité des engagements qui t'enchaînent. Raoul et toi, vous êtes fiancés, rien de plus ; or, comme on dit dans le pays, fiançailles et mariage font deux. Tant que le sacrement n'a point passé par là, on peut toujours, d'un mutuel accord, se dégager sans faillir à Dieu ni forfaire à l'honneur. Avant d'épouser ta mère, j'avais été fiancé neuf fois, la neuvième à treize ans, la première à sept mois. Ensuite, mon Hélène, je me garderai bien de contrarier tes inclinations.

Je conçois que tu tiennes au jeune de Vaubert. Vous avez été élevés tous deux dans l'exil et dans la pauvreté; il peut vous sembler doux d'y retourner ensemble. A votre âge, mes chers enfants, il n'est si triste perspective que la passion n'égaye, n'enchante et n'illumine. Être deux, souffrir et s'aimer, c'est le bonheur de la jeunesse. Cependant j'ai remarqué qu'en général ces liaisons qui se sont formées si près du berceau manquent du je ne sais quoi qui fait le charme de l'amour. Je ne me donne pas pour expert en matière de sentiment; toutefois j'ai fini par découvrir qu'on aime peu ce qu'on connaît beaucoup. Notre jeune baron est d'ailleurs un aimable et gracieux cavalier, un peu froid, un peu compassé, faut-il dire le mot? un peu nul, mais blanc comme un lis et rose comme une rose. Celui-là ne s'est pas durci les mains au travail, le feu de l'ennemi ne lui a pas bronzé le visage. Il a surtout une façon d'arranger ses cheveux qui m'a toujours ravi.

— M. de Vaubert est un galant homme, mon père, répliqua gravement Hélène.

— Je le crois, pardieu! bien, et un digne garçon qui n'a jamais fait parler de lui, et un héros modeste qui n'ennuiera jamais personne du récit de ses victoires. Ventre-saint-gris! ma fille, s'écria le marquis changeant brusquement de ton, c'est triste à dire, mais il faut le dire : nos jeunes gentilshommes d'aujourd'hui ont l'air de croire qu'il ne sied qu'aux petites gens de faire de grandes choses. De mon temps la jeune noblesse en agissait autrement, Dieu merci ! Moi qui te parle... je n'ai pas fait la guerre, c'est vrai ; mais, par l'épée de mes aïeux ! lorsqu'il a fallu se montrer, je me suis montré, et l'on me cite encore à la cour comme un des premiers fidèles qui s'empressèrent d'aller protester, par leur présence à l'étranger, contre les ennemis de notre vieille monarchie. Voilà, ma fille, voilà ce que ton père a fait ; si je ne me suis pas couvert de lauriers dans l'armée de Condé, c'est qu'il m'en coûtait trop d'aller cueillir des palmes arrosées du sang de la France.

— Mais, mon père, dit Hélène d'une voix hésitante, ce n'est pas la faute de M. de Vaubert, s'il a vécu jusqu'à présent dans l'inaction et dans l'obscurité ; eût-il un cœur de lion, il ne peut pourtant pas donner des batailles à lui tout seul.

— Bah ! bah ! s'écria le marquis ; les âmes altérées de gloire trouvent toujours moyen d'étancher leur soif. Moi, lorsque j'émigrai, j'étais sur le point de partir pour m'aller battre chez les Mohicans ; si je gagnai l'Allemagne au lieu de l'Amérique, c'est qu'à l'heure du danger, je compris que je me devais à notre belle France. Regarde ce jeune Bernard. Ça n'a pas encore vingt-huit ans; eh bien, ça vous a déjà un bout de ruban à la boutonnière; ça s'est promené en vainqueur dans les capitales de l'Europe; ça s'est fait tuer à la Moscowa. Il comptait vingt ans à peine, quand l'empereur, qui, quoi qu'on dise, n'était pas un sot, le remarqua à la bataille de Wagram. Ce que je t'en dis, mon enfant, n'est pas pour te détacher de Raoul. Je ne lui en veux pas, moi, à ce garçon, de n'être rien du tout. D'ailleurs, il est baron; à son âge, c'est déjà gentil. Il ne faut pas non plus être trop exigeant.

— Mon père, dit Hélène de plus en plus troublée, M. de Vaubert m'aime, il a ma foi, et, pour moi, c'est assez.

— Pour ça, il t'aime, je le crois d'autant mieux que je m'en suis rarement aperçu : les feux cachés sont les plus terribles; seulement, je sais bien qu'à sa place, je ne serais point parti pour aller faire à Paris la belle jambe, précisément le lendemain du jour où ce jeune héros s'est installé sous notre toit.

— Mon père !... dit Hélène rougissant comme une fleur de grenadier.

— Il est vrai que Raoul t'envoie chaque mois une lettre. Je n'en ai lu qu'une seule : joli style, papier

ambré, bonne orthographe, ponctuation exacte.
Mais, vive Dieu! ma fille, je te prie de croire que, de
notre temps, ce n'est pas ainsi que nous écrivions
au tendre objet de notre flamme.

— Mon père!... répéta mademoiselle de La Seiglière d'une voix suppliante, en souriant à demi.

Ici, jugeant la place suffisamment démantelée,
l'insidieux marquis revint à ses premières batteries.
Il démontra qu'en ce temps d'épreuve, la noblesse
n'avait de chances de salut qu'en se créant des alliances au-dessous d'elle. Il joua vis-à-vis de sa fille
le rôle que le malin Des Tournelles avait joué, quelques mois auparavant, vis-à-vis de lui. Il se peignit
encore une fois pauvre, exilé, proscrit, mendiant
comme Bélisaire, et mourant loin de la patrie. Encore une fois, il mouilla les beaux yeux d'Hélène;
puis, par une transition habilement ménagée, il en
vint à parler du vieux Stamply; il s'attendrit sur la
probité de l'ancien fermier, et regretta de ne l'en
avoir pas suffisamment récompensé de son vivant.
Il sut éveiller les scrupules du jeune cœur, sans toutefois éveiller ses soupçons. Du père au fils, il n'y avait
qu'un pas. Il exalta Bernard, et le représenta tour
à tour comme une digue contre la fureur des flots,
comme un abri durant la tempête. Bref, de détours
en détours, pied à pied, pas à pas, il en arriva tout

doucement à ses fins, c'est-à-dire à se demander tout haut, sous forme de réflexion, si, par ces mauvais jours, une alliance avec les Stamply n'offrirait pas aux la Seiglière plus d'avantage et de sécurité qu'une alliance avec les Vaubert. Le marquis en était là de son discours, lorsqu'il s'interrompit brusquement en apercevant Hélène si pâle et si tremblante qu'il pensa l'avoir tuée.

— Voyons, voyons, dit le marquis la prenant entre ses bras, tu n'as point affaire au bourreau. Ai-je parlé, comme Calchas, de te traîner au sacrifice et de t'immoler sur les marches de l'autel ? Que diable ! tu n'es pas Iphigénie, je ne suis pas Agamemnon. Nous causons, nous raisonnons, voilà tout. Je comprends qu'au premier abord, une La Seiglière se révolte et s'indigne à l'idée d'une mésalliance ; mais, mon enfant, je te le répète : songe à toi, à ton vieux père, songe au dévouement de mademoiselle de Sombreuil. Ce jeune Bernard n'est pas un gentilhomme ; mais qui est gentilhomme aujourd'hui ? Dans vingt ans, on ne se baissera même pas pour ramasser un titre. Je voudrais que tu pusses entendre M. Des Tournelles causant sur ce sujet. Qui sert si bien son pays n'a pas besoin d'aïeux, a dit le sublime Voltaire. D'ailleurs, de tout temps on s'est mésallié ; les grandes familles ne vivent et ne se perpétuent que par des mésalliances. Pour en finir avec les Normands, un roi de France, Charles le Simple, maria sa fille Ghisèle à un certain Rollon, qui n'était qu'un chef de vauriens, prouvant bien par ceci qu'il était moins simple que l'histoire ne devait le prétendre. Tout récemment, un soldat de fortune a épousé la fille des Césars. Et puis, cela fera bon effet dans le pays, que tu épouses un Stamply; on verra que nous ne sommes point ingrats; on se dira que nous savons reconnaître un bon procédé; pour ma part, lorsque je me trouverai là-haut, nez à nez avec l'âme de mon vieux fermier, eh bien! j'avoue qu'il ne me sera pas désagréable de pouvoir annoncer à ce brave homme que sa probité a reçu sa récompense sur la terre, et que nos deux familles n'en font qu'une désormais. Ça lui fera plaisir aussi, à ce bonhomme, car il t'adorait, mon Hélène; vous étiez une paire d'amis. Est-ce que parfois il ne t'appelait pas sa fille? A ce compte il prendrait rang parmi les prophètes.

Le marquis parlait ainsi depuis un quart d'heure, déployant, pour vaincre les répugnances de sa fille, tout ce qu'il avait appris de finesse, de ruse et d'astuce à l'école de la baronne, quand tout à coup Hélène, qui s'était dégagée peu à peu des bras de son père, s'échappa, vive et légère comme un oiseau; le marquis resta bouche béante au milieu d'une phrase; il la vit courir sur les pelouses du parc, et disparaître à travers les rameaux.

Après l'avoir longtemps suivie des yeux : — Est-ce que par hasard, se demanda le marquis en se touchant le front d'un air pensif, est-ce que par aventure ma fille aimerait le husard? Qu'elle l'épouse, passe encore; mais qu'elle l'aime... ventre-saint-gris!

CHAPITRE XII.

Pourquoi mademoiselle de la Seiglière s'était-elle échappée tout à coup des bras de son père? pourquoi, quelques instants auparavant, la pâleur de la mort avait-elle passé sur son front? pourquoi presque aussitôt tout son sang avait-il reflué violemment vers son cœur? pourquoi, tandis que le marquis essayait de lui démontrer la nécessité d'une alliance avec Bernard, venait-elle de s'enfuir, agitée, tremblante, éperdue, et cependant vive, heureuse et légère? Arrivée au fond du parc, elle se laissa tomber sur un tertre, et des larmes silencieuses roulèrent sans effort le long de ses joues, perles humides, gouttes de rosée sur les pétales embaumés d'un lis. Ainsi le bonheur et l'amour ont des pleurs pour premier sourire, comme s'ils avaient, en naissant, l'instinct de leur fragilité et la conscience qu'ils naissent pour souffrir.

On touchait à la fin d'avril. Le parc n'était pas assez vaste pour contenir l'ivresse de son âme, Hélène se leva et gagna la campagne. Sous ses pieds, la terre était en fleurs; le ciel bleu souriait sur sa tête ; la vie chantait dans son jeune sein. Elle avait oublié Raoul et songeait à peine à Bernard. Elle allait au hasard, absorbée par une pensée vague, mystérieuse et charmante, s'arrêtant de loin en loin pour en respirer le parfum, et reportant à Dieu les joies qui l'inondaient dans tous les replis de son âme : car c'était, ainsi que nous l'avons dit déjà, une nature grave aussi bien que tendre, et profondément religieuse.

Ce ne fut qu'en voyant le soleil baisser à l'horizon, qu'Hélène songea à reprendre le chemin du château. En revenant, du haut de la colline qu'elle avait gravie et qu'elle se préparait à descendre, elle aperçut Bernard qui passait à cheval dans le creux du vallon. Elle tressaillit doucement, son regard ému le suivit longtemps dans la plaine. Elle revint en réfléchissant sur la destinée de ce jeune homme qu'elle croyait pauvre et deshérité : pour la première fois, mademoiselle de la Seiglière se prit à contempler avec un sentiment de bonheur et d'orgueil le château de son père qu'embrasaient les rayons du couchant, et la mer de verdure que les brises du soir faisaient onduler à l'entour. Cependant, en découvrant sur l'autre rive le petit castel de Vaubert, sombre et renfrogné derrière son massif de chênes dont le printemps n'avait point encore reverdi les rameaux, elle ne put se défendre d'un mouvement de tristesse et d'effroi, comme si elle eût compris que c'était de là que devait partir le coup de foudre qui briserait sa vie tout entière. Ce coup de foudre ne se fit pas attendre. Arrivée à la grille du parc, Hélène allait en franchir le seuil, lorsqu'elle fut abordée par un serviteur de la baronne, qui lui remit un paquet sous enveloppe, scellé d'un triple cachet aux armes des Vaubert. En reconnaissant à la suscription l'écriture du jeune baron qui était arrivé la veille et qu'elle ne savait pas de retour, l'enfant pâlit, déchira l'enveloppe d'une main tremblante, et trouva, mêlée à ses propres lettres que lui renvoyait Raoul, une lettre de ce jeune homme. Hélène en déchira les feuillets encore tout humides, et, après l'avoir lue sur place, demeura atterrée, comme si en effet le feu du ciel venait de tomber à ses pieds.

Assez semblable à ces automates qu'en pressant un ressort on fait à volonté paraître et disparaître, M. de Vaubert était revenu comme il était parti, sur un mot de sa mère, avec le même sourire sur les lèvres et le même nœud à sa cravate. Pour n'être pas précisément un aigle, c'était, à tout prendre, un esprit droit, une âme honnête, un cœur bien placé. Non seulement il n'avait jamais trempé dans les intrigues de sa mère; mais, grâce aux trésors d'intel-

ligence et de perspicacité que lui avait départis le
ciel, nous pouvons affirmer qu'il ne les avait même
pas soupçonnées. Jusqu'à présent, il avait naïvement
pensé, comme Hélène, que le vieux Stamply, en se
dépouillant, n'avait fait que restituer aux la Seiglière
les biens qui ne lui appartenaient pas, et qu'en cela
le bonhomme avait obéi seulement aux suggestions
de sa conscience. Raoul ne s'était jamais, à vrai dire,
beaucoup préoccupé de toute cette affaire, et n'en
avait vu que les résultats, qui, pour parler net, ne
lui déplaisaient pas. Pauvre, il avait eu de tout temps,
le goût de l'opulence, et n'imaginait pas qu'un cadre
d'un million pût rien gâter à un joli portrait. Toutefois, il aimait Hélène moins pour sa fortune que pour
sa beauté; il l'aimait à sa manière, froidement, mais
noblement; sans passion, mais sans calcul. Il savait
d'ailleurs ce que vaut une parole donnée et reçue;
jamais le souffle des vils intérêts n'avait flétri sa fleur
d'honneur et de jeunesse. En apprenant ce qui s'était passé durant son absence, la résurrection miraculeuse du fils Stamply, son retour au pays, son installation au château, ses droits incontestables, d'où
résultait inévitablement la ruine complète du marquis et de sa famille, M. de Vaubert, comme on le
peut croire, ne se livra pas à de bien vifs transports
d'allégresse; son visage s'allongea singulièrement,

et le jeu de sa physionomie n'exprima qu'une satisfaction médiocre ; mais, lorsque après lui avoir montré le fond des choses, madame de Vaubert demanda résolument à son fils quel parti il comptait prendre en ces conjonctures, le jeune homme releva la tête et n'hésita pas un instant. Il déclara simplement, sans effort et sans enthousiasme, que la ruine du marquis ne changeait absolument rien aux engagements qu'il avait contractés vis-à-vis de sa fille, et qu'il était prêt à épouser, comme par le passé, mademoiselle de la Seiglière.

— Je n'attendais pas moins de vous, répliqua madame de Vaubert avec fierté ; vous êtes mon noble fils. Malheureusement ce n'est pas tout. Le marquis, pour conserver ses biens, a résolu de marier sa fille à Bernard.

— Eh bien ! ma mère, répondit M. de Vaubert qui ne laissa voir aucune émotion, si mademoiselle de la Seiglière croit pouvoir, sans forfaire à l'honneur, retirer sa main de la mienne, que mademoiselle de la Seiglière soit libre ; mais je ne cesserai de me croire engagé vis-à-vis d'elle que lorsqu'elle aura cessé la première de se croire engagée vis-à-vis de moi.

— Vous êtes un brave cœur, s'écria avec un mouvement de joie, la baronne, qui comprit que l'affaire allait s'entamer ainsi qu'elle l'avait souhaité.

24.

Écrivez donc en ce sens à mademoiselle de la Seiglière. Soyez digne, mais aussi soyez tendre, afin qu'on ne puisse pas supposer que vous avez écrit seulement pour l'acquit de votre conscience. Cela fait, quoi qu'il arrive ensuite, vous aurez dignement rempli les devoirs d'un amant fidèle et d'un preux chevalier.

Sans plus tarder, M. de Vaubert se mit devant un bureau, et, sur un joli papier qu'il avait rapporté de Paris, glacé, musqué, timbré aux armes de sa maison, il écrivit les lignes suivantes, auxquelles la baronne, après en avoir pris connaissance, donna sa maternelle approbation, bien qu'elle eût désiré y trouver plus de passion et de tendresse. Ainsi, les hostilités allaient commencer. Entre les mains de la rusée baronne, ce double feuillet de papier lustré, armorié, parfumé, et couvert sur la première page d'une belle écriture anglaise, n'était rien moins qu'une bombe qui, lancée dans la place, devait, en éclatant, exercer des ravages prévus, calculés, d'un effet à peu près certain.

« Mademoiselle,

« J'arrive et j'apprends en même temps la révolution qui s'est opérée dans votre destinée, et les nouvelles dispositions qu'a prises monsieur votre père pour replacer sur votre tête l'héritage de ses ancêtres, que vient de lui ravir le retour du fils de son ancien fermier. Qu'à ces fins monsieur le marquis ait cru pouvoir prendre sur lui de désunir deux mains et deux cœurs unis depuis dix ans devant Dieu, Dieu en jugera; je m'abstiens. Il ne sied pas d'ailleurs à la pauvreté de se mettre en balance avec la fortune. Seulement, il est de mon honneur, bien moins encore que de mon amour, de vous déclarer, mademoiselle, que si vous ne partagiez pas en ceci les sentiments de monsieur votre père, et ne pensiez pas, comme lui, que la foi jurée ne soit qu'un vain mot, j'aurais autant de bonheur à partager avec vous ma modeste condition que vous en auriez eu vous-même à partager avec moi votre luxe et votre opulence. Après cet aveu, dont vous ne me ferez pas l'outrage de suspecter la sincérité, je n'ajouterai pas un mot ; c'est à vous seule qu'il appartient désormais de décider de mon sort et du vôtre. Si vous repoussez mon humble offrande, reprenez ces lettres qui ne m'appartiennent plus ; je souffrirai sans me plaindre ni murmurer. Si vous consentez, au contraire, à venir embellir ma vie et mon foyer, renvoyez-moi ces précieux gages, je les presserai avec joie et reconnaissance contre un cœur fidèle et dévoué.

« RAOUL. »

Ramenée violemment au sentiment de la réalité, Hélène n'hésita pas plus que Raoul n'avait hésité. Après être sortie de l'espèce de stupeur dans laquelle venait de la jeter la lecture de ces quelques lignes, elle courut à son appartement, et là, étouffant sans faiblesse le rêve d'une heure au plus, rayon éteint aussitôt qu'entrevu, fleur brisée au moment d'éclore, elle prit une plume pour écrire elle-même et signer l'arrêt de mort de son propre bonheur ; mais, n'en trouvant pas le courage, elle se contenta de mettre ses lettres sous enveloppe et de les renvoyer immédiatement à Raoul. Cela fait, elle cacha sa tête entre ses mains, et ne put s'empêcher de verser quelques larmes, bien différentes, hélas ! de celles qu'elle avait répandues le matin. Cependant, sous la mélancolie d'un vague regret à peine défini, elle sentit bientôt une sourde inquiétude remuer et gronder dans son sein. En lisant d'un seul regard le billet de M. de Vaubert, elle n'avait vu clairement, et nettement compris qu'une chose, c'est que ce jeune homme la rappelait solennellement à la foi jurée, sous peine de parjure et de trahison ; dans l'exaltation de sa conscience, Hélène avait négligé le reste. Une fois apaisée par le sacrifice, l'esprit plus calme et les sens plus rassis, elle se remémora peu à peu quelques expressions de la lettre de son fiancé, auxquelles sa pensée ne s'était pas arrêtée d'abord, mais qui avaient laissé en elle une impression confuse et pénible. Tout à coup, ses souvenirs se dégageant et devenant de plus en plus distincts, elle prit entre sa robe et sa ceinture le billet de Raoul, qu'elle avait glissé là, sans doute pour défendre et protéger son cœur; après l'avoir relu attentivement, après avoir pressuré chaque mot et creusé chaque phrase pour en faire jaillir la lumière, mademoiselle de la Seiglière le relut encore une fois ; puis, passant insensiblement de la surprise à la réflexion, elle finit par s'abîmer dans une méditation profonde.

C'était un esprit pur, un cœur pieux et fervent, une âme immaculée qui n'avait jamais touché, même du bout des ailes, aux fanges de la vie. Toutes les illusions habitaient dans son sein. Elle croyait au bien naturellement, sans effort, et n'avait jamais soupçonné le mal. Pour tout dire en un mot, telle était sa naïve candeur, qu'il ne lui était pas arrivé de suspecter la loyauté, la bonne foi et le désintéressement de madame de Vaubert elle-même. Toutefois, depuis l'installation de Bernard, elle avait compris vaguement qu'il se tramait autour d'elle quelque chose d'équivoque et de mystérieux. Quoique d'un naturel ni défiant ni curieux, elle s'en était confusément préoccupée, surtout en voyant s'altérer et s'assombrir l'humeur de son père, qu'elle avait connu de tout temps, même au fond de l'exil, joyeux, souriant, étourdi, charmant. Elle s'était étonnée de la subite disparition de Raoul et de son absence prolongée, qu'on n'avait pu réussir à motiver suffisamment : elle n'était pas sans avoir remarqué le brusque changement qui s'était opéré tout d'un coup dans les mondaines habitudes du marquis et de la baronne, à partir du jour où Bernard avait partagé la vie du château ; enfin, elle s'était demandé parfois, à ses heures de trouble et d'épouvante, comment il pouvait se faire que ce jeune homme, dans la force de l'âge, acceptât si longtemps une condition humiliante et précaire, au lieu de chercher à se créer une position indépendante, ainsi qu'il eût convenu à un caractère énergique et fier. Que se passait-il ? Hélène l'ignorait ; mais à coup sûr il se passait quelque chose d'étrange qu'on s'étudiait à lui cacher. La lettre du jeune baron fut un éclair dans cette sombre nuit. A force d'y réfléchir, si mademoiselle de la Seiglière ne devina point la vérité tout entière et dans tout son éclat, du moins la vit-elle apparaître comme un point lumineux qui, bien que presque imperceptible, la dirigea dans ses investigations. Une fois sur la voie, Hélène se souvint de quelques discours inachevés échappés au vieux Stamply, durant le cours de sa longue agonie, et dont elle avait alors essayé vainement d'interpréter le sens : elle se rappela dans tous ses détails l'accueil empressé, plus qu'hospitalier, qu'on avait fait au retour du fils, après avoir humilié la vieillesse du père ; bref, elle promena, comme un flambeau, le billet de Raoul à travers tous les incidents qui avaient signalé le séjour de Bernard. D'épisode en épisode, elle en vint à se demander pourquoi la baronne s'était retirée du château depuis une semaine et plus ; pourquoi M. de Vaubert, au lieu d'écrire, ne s'était pas présenté en personne ; puis, lorsque enfin elle en fut arrivée à l'entretien qu'elle avait eu quelques heures auparavant avec son père, sentant ici tout son sang indigné lui monter au visage, elle se leva fièrement et sortit d'un pas ferme pour aller trouver le marquis.

CHAPITRE XIII.

A la même heure, assis auprès d'un guéridon, notre marquis, en attendant le dîner, était occupé à remper des mouillettes de biscuit dans un verre de in d'Espagne; quoique cruellement frappé dans on orgueil, il se sentait pourtant en appétit, et jouissait de ce sentiment de bien-être et de satisfaction qu'on éprouve après avoir subi une opération douloureuse devant laquelle on avait longtemps reculé. Il en avait fini avec la baronne, s'était à peu près assuré des dispositions de sa fille; quant à l'assentiment de Bernard, il ne s'en préoccupait pas. Peu expert en matière de sentiment, ainsi qu'il l'avait dit lui-même, cependant le marquis s'y entendait assez pour avoir entrevu depuis longtemps que le hussard n'était pas insensible à la beauté d'Hélène; d'ailleurs il aurait bien voulu voir que ce fils de vilain ne s'estimât pas trop heureux de mêler le sang de son père à celui de ses anciens seigneurs. Là-dessus, il était tranquille; seulement il s'affligeait de n'avoir pas rencontré auprès de sa fille plus d'obstacles et de résistance. L'idée qu'une la Seiglière pouvait aimer un Stamply le plongeait dans une consternation impossible à dépeindre ; c'était la lie de son calice. — Que la main se mésallie; mais, vive Dieu! sauvons du moins le cœur! se disait-il avec indignation. En revanche, ce qui le charmait dans cette aventure, c'était de penser à la mine que devaient faire dans leur petit castel madame de Vaubert et son grand benêt de fils. En y réfléchissant, le diable de marquis se frottait les mains, se renversait sur son fauteuil, se livrait à des ébats de chats en gaieté; et, se rappelant ce que la baronne lui avait tant de fois répété, que Paris vaut bien une messe, il éclatait de rire dans sa peau en songeant que tout ceci allait finir précisément par une messe, par une messe de mariage.

Il était dans un de ces accès de gaillarde humeur, quand la porte du salon s'ouvrit, et mademoiselle de la Seiglière entra, si grave, si fière, si vraiment royale, que le marquis, après s'être levé pour l'entourer de ses bras caressants, resta interdit devant elle.

— Mon père, dit aussitôt d'une voix altérée, mais calme, la belle et noble créature, répondez franchement, loyalement, en bon gentilhomme; quoi que vous ayez à me révéler, soyez sûr d'avance que vous ne me trouverez jamais au-dessous des devoirs et des obligations que pourra m'imposer le soin de votre gloire. Répondez donc sans détour, je vous en prie au nom du Dieu vivant, au nom de ma sainte mère, qui nous voit et qui nous écoute.

— Ventre-saint-gris! pensa le marquis déjà troublé, voilà un début qui ne me promet rien de bon.

— Mon père, demanda la jeune fille avec assurance, à quel titre M. Bernard habite-t-il au milieu de nous?

— Quelle question! s'écria le marquis de plus en plus alarmé, mais faisant encore bonne contenance; à titre d'hôte et d'ami, j'imagine. Nous devons assez à la mémoire de son bonhomme de père pour que nul n'ait le droit d'être surpris de voir ce jeune homme à ma table. A propos, ajouta-t-il en tirant de son gousset une montre d'or émaillé, suspendue à une chaîne chargée de breloques, de bagues et de cachets, est-ce que ce maraud de Jasmin ne sonnera pas le dîner aujourd'hui? Tu vois bien ce petit bijou? regarde-le, ça n'a l'air de rien; en réalité, ça vaut à peine un écu de six livres; je ne le donnerais pas pour les diamants de la couronne. C'est une histoire qu'il faut que je te conte. Imagine-toi qu'un jour, c'était en mil sept cent...

— Mon père, vous avez une autre histoire à me raconter, dit gravement Hélène l'interrompant avec autorité, une histoire plus récente, dans laquelle il est aussi question d'un joyau, mais plus précieux que celui-là, puisqu'il s'agit de notre honneur. M. Bernard est ici à titre d'hôte, m'avez-vous répondu ; mon père, il vous reste encore à m'apprendre qui de nous ou de lui reçoit l'hospitalité, qui de lui ou de nous la donne.

A ces mots, sous le regard qu'Hélène attachait sur lui, le marquis, plus blanc que le jabot de sa chemise, se laissa lourdement tomber dans un fauteuil.

— Tout est perdu ! se dit-il avec un morne désespoir ; l'enragée baronne a parlé.

— Enfin, mon père, reprit l'impitoyable enfant en croisant ses bras sur le dos du fauteuil dans lequel M. de la Seiglière s'était affaissé, je vous demande si nous sommes chez M. Bernard ou si ce jeune homme est chez nous.

Las de ruse et de mensonge, convaincu d'ailleurs que sa fille était au courant de tout, le marquis ne songea plus qu'à corriger la vérité, à la mitiger de son mieux dans ce qu'elle pouvait avoir de trop amer pour son orgueil et son amour-propre.

— Ma foi ! s'écria-t-il en se levant d'un air exaspéré, si tu veux que je te le dise, moi-même je n'en sais rien. On a profité de mon absence pour faire un code de lois infâmes ; M. de Buonaparte, qui ne m'a jamais aimé, a glissé là dedans un article tout exprès pour embrouiller mes affaires. Il y a réussi, le Corse ! Les uns prétendent que je suis chez Bernard, les autres affirment que Bernard est chez moi ; ceux-ci que le vieux Stamply m'a tout donné, ceux-là qu'il m'a tout restitué. Tout ceci, vois-tu, c'est la bouteille à l'encre; Des Tournelles ne sait qu'en penser, et le diable y perdrait son latin. Au reste, ma fille, il est bon que tu saches que c'est cette infernale baronne qui nous a mis dans ce mauvais pas. Rappelle-toi comme nous vivions gentiment tous deux dans notre petit trou d'Allemagne ! Voilà qu'un jour madame de Vaubert, — apprends à la connaître, — s'imagine de vouloir me faire rentrer dans la fortune de mes pères, sachant bien qu'aux termes de nos conventions, cette fortune reviendrait plus tard à son fils. Elle m'écrit que mon ancien fermier est bourrelé de remords, qu'il m'appelle à grands cris et ne saurait mourir en paix qu'après m'avoir rendu tous mes biens. Je crois cela, moi ! j'ai pitié de la conscience troublée de ce brave homme, je ne veux pas qu'on puisse m'accuser d'avoir causé la perte d'une âme. Je pars, je me hâte, j'arrive, et qu'est-ce que je découvre un beau matin ? que ce digne homme ne m'a rien rendu, et que c'est un cadeau qu'il m'a fait. Voilà du moins ce que disent mes ennemis. J'en ai des ennemis, car, ainsi que le disait Des Tournelles, quel être supérieur n'en a pas? Sur ces entrefaites, Bernard, qu'on croyait mort, nous tombe sur la tête comme un glaçon de Sibérie. Que va-t-il se passer? M. de Buonaparte a si bien arrangé les choses, qu'il est impossible de s'y reconnaître. Suis-je chez Bernard? Bernard est-il chez moi? je n'en sais rien, il n'en sait rien ; Des Tournelles lui-même n'en sait pas davantage. Telle est l'histoire, et telle est la question.

Hélène avait grandi en dehors de toutes les préoccupations de la vie réelle. Elle n'avait jamais rien soupçonné des intérêts positifs qui jouent un si grand rôle dans l'existence humaine, qu'ils l'absorbent presque tout entière. N'ayant, sur toutes choses, reçu d'autres enseignements que ceux de son père, qui était l'ignorance la mieux nourrie, la plus sereine et la plus florissante du royaume, les connaissances qu'avait mademoiselle de La Seiglière, en droit français, se trouvaient égaler les notions qu'elle pouvait avoir sur la législation japonaise ; mais cette enfant, qui ne savait rien, possédait pourtant une science plus grande, plus sûre, plus infaillible que celle des jurisconsultes les plus habiles, des légistes les plus consommés. Dans une âme hon-

nête et simple, elle avait conservé aussi pur, aussi
limpide, aussi lumineux qu'elle l'avait reçu, ce sentiment du juste et de l'injuste que Dieu a déposé,
comme un rayon de sa suprême intelligence, dans
le sein de toutes ses créatures. Elle ignorait les lois
des hommes ; mais la loi naturelle et divine était
écrite dans son cœur comme sur des tablettes d'or,
et nul souffle malsain, nulle passion mauvaise n'en
avait altéré le sens ni terni les sacrés caractères. Elle
dégagea donc sans efforts la vérité des nuages dont
son père cherchait encore à l'obscurcir ; sous la broderie, elle sut démêler la trame. Tandis que le marquis parlait, Hélène s'était tenue debout, calme,
impassible, pâle et froide. Lorsqu'il se tut, elle alla
s'accouder sur le marbre de la cheminée, et demeura
longtemps silencieuse, les doigts perdus sous les
nattes de ses cheveux, regardant avec une muette
épouvante l'abîme dans lequel elle venait d'être pré-
cipitée, comme une colombe mortellement atteinte
en glissant dans l'azur du ciel, et qui tombe, l'aile
fracassée, sanglante et palpitante, entre les roseaux
d'un marais impur.

— Ainsi, mon père, dit-elle enfin sans changer
d'attitude et sans tourner les yeux vers l'infortuné
gentilhomme qui, ne sachant plus à quel saint se
vouer, rôdait autour de sa fille comme une âme en

peine : ainsi ce vieillard, dont la vie s'est achevée tristement dans l'abandon et la solitude, s'était dépouillé pour nous enrichir ! Ah ! béni soit Dieu qui m'inspira d'aimer cet homme généreux, puisque, sans moi, notre bienfaiteur serait mort sans une main amie pour lui fermer les yeux.

— Que veux-tu ? s'écria le marquis d'un air confus ; la baronne s'est montrée en tout ceci d'une ingratitude horrible. Moi, je l'aimais, ce vieux ; il me réjouissait ; je lui trouvais bonne façon : là, vrai, j'avais plaisir à le voir. Eh ! bien, la baronne ne pouvait pas le souffrir. J'avais beau lui dire : — Madame la baronne, ce vieux Stamply est un brave homme ; il nous a fait du bien ; nous lui devons quelques égards. Si j'avais voulu la croire, j'aurais fini par le chasser de ma maison. Le roi lui-même m'eût prié de le faire, que je n'y aurais point consenti.

— Ainsi, reprit Hélène après un nouveau silence, quand ce jeune homme s'est présenté armé de ses droits, au lieu de lui restituer loyalement les biens de son père et de nous retirer tête haute, nous avons obtenu, à force d'humilité, qu'il consentît à nous garder chez lui, à nous laisser vivre sous son toit ! De votre fille, qui ne savait rien, vous avez fait votre complice !

— J'ai voulu partir, s'écria le marquis; Bernard venait de se nommer que j'avais déjà pris ma canne et mon chapeau. C'est la baronne qui m'a retenu; c'est elle qui nous a joués tous; c'est elle qui nous a tous perdus.

Ici, mademoiselle de La Seiglière se retourna fièrement, prête à demander compte à son père de l'entretien qu'ils avaient eu tous deux dans cette même chambre; mais la parole expira sur ses lèvres; sa poitrine se gonfla, son front se couvrit de rougeur, et, se jetant dans un fauteuil, elle fondit en pleurs, son sein éclata en sanglots. Était-ce seulement l'orgueil révolté qui se plaignait en elle? l'amour étouffé ne mêlait-il pas ses soupirs aux cris de la dignité offensée? Le cœur le plus pur, le plus virginal, est encore un abîme où la sonde s'égare, et dont pas une n'a touché le fond. En voyant le désespoir de sa fille, le marquis acheva de perdre la tête. Il se précipita aux genoux d'Hélène, et lui prit les mains qu'il couvrit de baisers, en pleurant de son côté comme un vieil enfant qu'il était.

— Ma fille! mon trésor! disait-il en la pressant entre ses bras; calme-toi, ménage ton vieux père; ne le fais pas mourir de douleur à tes pieds. Veux-tu partir? partons. Allons vivre au fond des bois comme deux sauvages; si tu l'aimes mieux, retournons dans notre vieille Allemagne. Qu'est-ce que ça me fait, à moi, la fortune, pourvu que tu ne pleures pas ? La fortune, je m'en soucie comme de ça ! En vendant mes bijoux, ma montre et mes breloques, j'aurai toujours des fleurs pour mon Hélène. Allons je ne sais où ; je serai bien partout où tu me souriras. Je te contais ce matin que je n'avais plus qu'un souffle de vie, je mentais. J'ai une santé de fer. Regarde ce mollet : si l'on ne dirait pas du bronze coulé dans un bas de soie ! Cet hiver, j'ai tué sept loups ; je fatigue Bernard à me suivre, et j'espère bien enterrer la baronne, qui a quinze ou vingt ans de moins que moi, à ce qu'elle prétend, car je la connais trop maintenant pour croire seulement la moitié de ce qu'elle avance. Vite donc, essuyons ces beaux yeux ; un sourire, un baiser, ton bras sur mon bras, et, gais bohémiens, vive la pauvreté !

— Ah ! mon noble père, je vous retrouve enfin ! s'écria mademoiselle de La Seiglière avec un élan de joie. Vous l'avez dit, partons ; ne restons pas ici davantage : nous n'y sommes restés déjà que trop longtemps.

— Partir ! s'écria l'étourdi gentilhomme, qui ne s'était pas assez défié de son premier mouvement, et qui pour beaucoup aurait voulu pouvoir rattraper les paroles imprudentes qui venaient de lui échapper ; partir ! répéta-t-il avec stupeur. Eh ! ma pauvre fille, où diable veux-tu que nous allions ? Tu ne sais donc pas que je suis en guerre ouverte avec la baronne, qu'il ne nous reste même plus la ressource d'aller maigrir à sa table et grelotter à son foyer !

— Si madame de Vaubert nous repousse, nous irons où Dieu nous conduira, répondit Hélène ; mais du moins nous nous sentirons marcher dans le chemin de notre honneur.

— Voyons, voyons, dit M. de la Seiglière en s'asseyant d'un air câlin à côté d'Hélène, c'est très bien qu'on aille où Dieu vous conduit, on ne saurait choisir un meilleur guide ; malheureusement, Dieu qui donne le couvert et la pâture aux petits des oiseaux, n'est pas si libéral envers les petits des marquis. Il est charmant de se dire ainsi : Partons, allons où Dieu nous mène ! Cela plaît aux jeunes imaginations ; mais quand on est parti et qu'on a fait six lieues, et qu'on arrive au soir avec la perspective de coucher, sans avoir soupé, à la belle étoile, on commence à trouver le chemin de Dieu un peu rude. S'il ne s'agissait que de moi, voilà beau temps que j'aurais chaussé les sandales du pèlerin et repris le bâton de l'exil ; mais il s'agit de toi, mon Hélène ! Laissons là ces pieux enfantillages ; causons raisonnablement, avec calme, ainsi qu'il convient entre de vieux amis comme nous. Voyons, est-ce qu'il n'y aurait pas un moyen d'arranger cette petite affaire à la satisfaction de toutes les parties intéressées? Est-ce que, par exemple, ce que je te disais ce matin...

— Ce serait votre honte et la mienne, répliqua froidement Hélène. Savez-vous ce que dirait le monde? Il dirait que vous avez vendu votre fille : la pauvreté n'a pas droit de mésalliance. Que penserait M. de Vaubert? et que penserait-il, ce jeune homme au-devant de qui je suis allée avec empressement, le croyant pauvre et déshérité? Tandis que l'un m'accuserait de trahison, l'autre me soupçonnerait de n'avoir fait la cour qu'à sa fortune, et tous deux me mépriseraient. Marquis de la Seiglière, relevez la tête et le cœur : noblesse et pauvreté obligent. Qu'y a-t-il d'ailleurs de si effrayant dans la destinée, qui nous est échue? Sommes-nous sans asile? Je réponds de M. de Vaubert.

— Mais, ventre-saint-gris! s'écria le marquis, je te répète qu'entre la baronne et moi c'est une guerre à mort.

— Le roi nous aidera, dit Hélène; il doit être bon, juste et grand, puisqu'il est le roi.

— Ah bien oui, le roi! il ne se doute même pas de ce que j'ai fait pour lui. L'ère des grandes ingratitudes date de l'établissement de la monarchie.

— J'irai me jeter à ses pieds, je lui dirai : Sire...

— Il refusera de t'entendre.

— Eh bien! mon père, s'écria mademoiselle de la Seiglière avec fermeté, il vous restera votre fille. Je suis jeune et j'ai bon courage; je vous aime, je travaillerai.

— Pauvre enfant, dit le marquis en baisant l'une après l'autre les mains de la blonde héroïne ; le travail de ces jolis doigts ne suffirait pas à nourrir une alouette en cage. Pour en revenir à ce que je te disais ce matin, tu prétends donc que ce serait ma honte et la tienne ? Je me pique d'avoir l'épiderme de l'honneur quelque peu chatouilleux, et pourtant je ne vois pas les choses comme toi, mon Hélène. Mettons de côté la question du monde ; quoi qu'on fasse, à quelque parti qu'on se rende, le monde y trouve toujours à gloser : fou qui s'en soucie ! Tu crains que M. de Vaubert ne t'accuse de trahison et de parjure ? Là-dessus, sois bien rassurée ; la baronne est une fine mouche qui ne permettra jamais à son fils de s'allier avec notre ruine ; bien que je ne doute pas du désintéressement de Raoul, entre nous, c'est un grand dadais que sa mère mènera toujours par le bout du nez. Quant à Bernard, pourquoi te mépriserait-il ? Je conviens qu'il ne saurait raisonnablement prétendre à l'amour d'une la Seiglière ;

mais la passion ne raisonne pas, et ce garçon t'aime, ma fille.

— Il m'aime? dit Hélène d'une tremblante voix.

— Pardieu! dit le marquis, il t'adore.

— Qu'en savez-vous, mon père? murmura mademoiselle de la Seiglière d'une voix mourante et en s'efforçant de sourire.

— Il n'y a plus de doute, pensa le marquis étouffant un soupir de résignation, ma fille aime le hussard. Ce que j'en sais! s'écria-t-il; ma jeunesse n'est déjà pas si loin, que je ne me souvienne encore comment ces choses-là se passent. L'hiver, au coin du feu, quand il racontait ses batailles, crois-tu que ce fût pour les beaux yeux de la baronne qu'il se mettait en frais de poudre, d'éloquence et de coups de sabre? A partir du soir où tu ne fus plus là, le diable ne lui eût pas arraché trois paroles. Est-ce que je n'ai pas bien compris dès lors la cause de sa tristesse, de son silence et de son humeur sombre? N'ai-je pas vu son front s'éclaircir, quand tu nous as rendu ta présence? Et le jour où il s'exposa à se faire rompre les os par Roland, penses-tu que ce ne fût point là une bravade d'amoureux? Il t'adore, te dis-je. Et d'ailleurs, fût-il un fils de France, je voudrais bien voir qu'il se permît de ne t'adorer pas!

Le marquis s'interrompit pour considérer sa fille,

qui l'écoutait encore. A ces paroles de son père, Hélène avait senti son rêve, mal étouffé, tressaillir dans son cœur. Elle était là, pensive, silencieuse, oubliant qu'elle venait de river la chaîne qui la liait pour jamais à Raoul, s'abandonnant, à son insu, au courant insensible qui l'entraînait vers une rive où chantaient la jeunesse et l'amour.

— Allons! se dit le marquis, nous aurons deux mésalliances au lieu d'une.

Et, prenant gaiement son parti, il se frottait déjà les mains, quand tout à coup la porte du salon s'ouvrit avec fracas, et madame de Vaubert se précipita comme une trombe dans l'appartement, suivie de Raoul, impassible et grave.

— Venez, aimable et noble enfant, s'écria la baronne, en tendant vers Hélène ses deux bras tout grands ouverts; venez, que je vous presse sur mon cœur. Ah! que je savais bien, ajouta-t-elle avec effusion, en couvrant de baisers le front et les cheveux de mademoiselle de La Seiglière, que je savais bien qu'entre l'opulence et la pauvreté votre belle âme n'hésiterait pas! Mon fils, embrassez votre femme; ma fille, embrassez votre époux : vous êtes dignes l'un de l'autre.

Ainsi parlant, elle avait doucement attiré Hélène

vers le jeune baron, qui lui baisa la main avec respect.

— Vous les voyez, marquis, reprit-elle d'un air attendri ; vous voyez leurs transports. Dites maintenant, eussiez-vous un cœur d'airain, une ourse vous eût-elle allaité au berceau, dites si vous aurez le courage de briser des liens si charmants ? Ce n'est plus seulement de votre gloire qu'il s'agit désormais, c'est aussi du bonheur de ces deux nobles créatures ?

— Ma foi ! se dit le marquis, dont nous renonçons à peindre la stupéfaction, si j'y comprends quelque chose, je veux que la baronne ou la peste m'étouffe.

— Monsieur le marquis, dit Raoul lui tendant une main loyale, les révolutions ne m'ont laissé que peu de chose de la fortune de mes pères ; le peu qui m'en reste est à vous.

— Monsieur de Vaubert, dit Hélène, c'est bien.

— Magnanimes enfants ! s'écria la baronne. Marquis, vous êtes ému. Vos yeux s'humectent ; une larme a roulé sous votre paupière. Pourquoi cher chez-vous à vous défendre de l'attendrissement qui vous gagne ? Vos jambes se dérobent sous vous ; votre cœur est près de se fondre. Ne vous roidissez pas, laissez agir la nature. Elle agit, je le sens, je le vois. Vos bras s'entr'ouvrent, ils vont s'ouvrir, ils s'ouvrent... Raoul, courez embrasser votre père, ajouta-t-elle poussant le jeune baron dans les bras du marquis et les regardant avec ivresse s'embrasser d'assez mauvaise grâce.

— Et nous, mon vieil ami, s'écria-t-elle ensuite, ne nous embrasserons-nous pas ?

— Embrassons-nous, dit le marquis.

Et tandis qu'ils étaient dans les bras l'un de l'autre :

— Baronne dit le marquis à demi-voix, je ne sais pas où vous voulez en venir, mais je sens que vous tramez quelque chose d'abominable.

— Marquis, dit la baronne, vous n'êtes qu'un roué.

— Raoul, Hélène, vous aussi, vieil ami, reprit-elle aussitôt avec effusion, en les réunissant tous trois sous un même regard et dans une même étreinte; si j'en dois croire la joie qui m'inonde, le manoir de Vaubert va devenir l'asile de la paix, du bonheur et des tendresses mutuelles; nous allons y réaliser le rêve le plus doux et le plus enchanté qui se soit jamais élevé de la terre au ciel. Nous serons pauvres, mais nous aurons pour richesse l'union de nos âmes; le tableau de notre humble fortune humiliera plus d'une fois l'éclat du luxe et le faste de l'opulence. Que nous vous gâterons, marquis ! que d'amour et de soins à l'entour de votre vieillesse, pour lui faire oublier les biens qu'elle a perdus ! Aimé, chéri, fêté, caressé, vous comprendrez un jour que ces biens étaient peu regrettables, vous vous étonnerez d'avoir pu songer un seul instant à les racheter au prix de votre honneur.

Après avoir hasardé quelques objections que Raoul, Hélène et madame de Vaubert se réunirent tous trois pour combattre, après avoir inutilement cherché une issue par où s'échapper, harcelé, traqué, pris au piége :

— Eh ! bien, ventre-saint-gris ! ça m'est égal, s'écria gaiement le marquis ; ma fille sera baronne, et ce vieux coquin de Des Tournelles n'aura pas la satisfaction de voir une La Seiglière épouser le fils d'un manant.

Il fut décidé, séance tenante, que le marquis, dans le plus bref délai, signerait un acte de désistement en faveur de Bernard, et que, cela fait, le gentilhomme dépossédé se retirerait avec sa fille dans le petit castel de Vaubert où l'on procéderait aussitôt au mariage des jeunes amants. Les choses ainsi réglées, la baronne prit le bras du marquis, Raoul offrit le sien à Hélène, et tous quatre s'en allèrent dîner au manoir.

CHAPITRE XIV.

Or, tandis que cette révolution s'accomplissait au château, que faisait Bernard ? Il suivait au pas de son cheval les sentiers qui longent le Clain, la tête, l'esprit et le cœur tout remplis d'une unique image. Il aimait. Chez cette nature libre et fière que n'avait point appauvrie le frottement du monde, l'amour n'était pas resté longtemps à l'état de vague aspiration, de rêve flottant et de mystérieuse souffrance : il était devenu bientôt une passion ardente, énergique, vivace et profonde. Bernard faisait partie de cette génération active et turbulente dont la jeunesse s'était écoulée dans les camps, et qui n'avait pas eu le temps d'aimer ni de rêver. A vingt-sept ans, à cette heure encore matinale où les enfants de notre génération oisive ont follement dispersé à tous les vents leurs forces sans emploi, il n'avait connu que la belle passion de la gloire. On pouvait donc aisément prévoir que si jamais le germe d'un amour sérieux venait à tomber dans cette âme, il en absorberait la sève et s'y développerait comme un arbuste vigoureux dans une terre vierge et féconde. Il vit Hélène et il l'aima. Par quel art aurait-il pu s'en défendre? Elle avait en partage la grâce et la beauté, la candeur et l'intelligence, toutes les élégances de sa race, sans en avoir les idées étroites ni les opinions surannées. Avec la royale fierté du lis, elle en exhalait le suave et doux parfum; à la poésie du passé, elle joignait les instincts sérieux de notre âge. Et cette noble créature était venue à lui, la main tendue et la bouche souriante! elle lui avait parlé de son vieux père, qu'elle avait aidé à mourir ! C'est elle qui avait remplacé le fils absent au chevet du vieillard, elle qui avait recueilli ses derniers adieux et son dernier soupir. Il avait vécu de sa vie, à table auprès d'elle et près d'elle au foyer. Au récit des maux qu'il avait endurés, il avait vu ses beaux yeux se mouiller ; il les avait vus s'enflammer au récit de ses batailles. Comment donc, en effet, ne l'eût-il pas aimée? Il l'avait aimée d'abord d'un amour inquiet et charmant, comme tout sentiment qui s'ignore; puis, en voyant Hélène se retirer brusquement de lui, d'un amour silencieux et farouche, comme toute passion sans espoir. C'est alors que, plongeant du même coup dans son cœur et dans sa destinée, il était resté frappé d'épouvante. Il venait de comprendre en même temps qu'égaré par le charme, il avait, sans y réfléchir, accepté une position équivoque ; qu'il y allait de son honneur vis-à-vis de ses frères d'armes, et que, pour en sortir désormais, il lui fallait déposséder, ruiner, chasser la fille qu'il aimait et son père. Comment s'y fût-il résigné, lui qui défaillait rien qu'à la pensée que ses hôtes pouvaient d'un jour à l'autre s'éloigner de leur propre gré, lui qui se demandait parfois avec terreur ce qu'il deviendrait seul dans ce château désert, s'il leur prenait fantaisie de porter leurs pénates ailleurs ? S'il aimait Hélène par-dessus toutes choses, ce n'était pas elle seulement qu'il aimait. Au milieu même de ses emportements et de ses colères, il se sentait secrètement attiré vers le marquis. Il s'était pris aussi d'une sorte d'affection pour tous les détails de cet intérieur de famille dont il n'avait jamais soupçonné jusqu'alors ni la grâce facile ni l'exquise urbanité. L'idée d'épouser Hélène, cette idée qui conciliait tout et devant laquelle le gentilhomme n'avait point reculé, Bernard ne l'avait même pas entrevue. Sous la brusquerie de ses manières, sous l'énergie de son caractère, sous l'ardeur qui le consumait, il cachait toutes les délicatesses, toutes les timidités d'un esprit craintif et d'une âme tendre. La conscience qu'il avait de ses droits le rendait humble au lieu de l'enhardir : il avait la défiance et la pudeur de la fortune. Cependant, depuis plus d'une semaine, tout avait pris en lui comme autour de lui une face nouvelle. Autour de lui les bois et les prés verdoyaient ; mademoiselle de la Seiglière avait reparu dans sa vie ainsi que le printemps sur la terre. La présence d'Hélène retrouvée, les entretiens récents qu'il avait eus avec le marquis, l'amitié cordiale, presque tendre, que lui témoignait le vieux gentilhomme, quelques mots qui lui étaient échappés dans la matinée de ce même jour : tout cela, mêlé aux chaudes brises, à la senteur des haies, aux rayons joyeux du soleil, remplissait Bernard d'un trouble inexpliqué, d'une ivresse sans nom, de ce vague sentiment d'effroi, qui est le premier frisson du bonheur.

Ainsi troublé sans oser se demander pourquoi, Bernard revenait au galop de son cheval, car déjà la nuit commençait à descendre des coteaux dans la plaine, lorsqu'en débouchant par le pont, il découvrit la petite caravane qui s'acheminait vers Vaubert. Il arrêta sa monture et reconnut tout d'abord, dans la pénombre du crépuscule, mademoiselle de la Seiglière suspendue au bras d'un jeune homme, qu'aussitôt il supposa devoir être le jeune baron. Bernard ne connaissait pas Raoul et ne savait rien de l'union projetée ; cependant son cœur se serra. Il souffrait aussi de voir l'intimité renouée entre le marquis et la baronne. Après avoir longtemps suivi les deux couples d'un regard chagrin, il mit son cheval au pas, revint lentement au château, dîna seul, compta tristement les heures, et pensa que cette soirée de solitude, la première qu'il passait ainsi depuis son retour, ne s'achèverait pas. Il fit vingt fois le tour du parc, se retira mécontent dans sa chambre, et demeura appuyé sur le balcon de la fenêtre, jusqu'à ce qu'il eût vu passer comme deux ombres, sous la feuillée, M. de la Seiglière et sa fille, dont la voix arriva jusqu'à lui dans le silence de la nuit.

Le lendemain, au repas du matin, il attendit vainement Hélène et son père. Jasmin, qu'il interrogea, répondit que M. le marquis et sa fille étaient partis depuis une heure pour Vaubert, en prévenant leurs gens qu'ils ne rentreraient pas pour dîner. Pendant cette journée, qui s'écoula plus lentement encore que ne s'était écoulée la soirée de la veille, Bernard remarqua le mouvement inusité des serviteurs allant tour à tour du château au manoir, du manoir au château, comme s'il s'agissait d'une installation nouvelle. Il pressentit quelque affreux malheur. Un instant, il fut tenté d'aller droit au castel ; un sentiment d'invincible répulsion, presque d'horreur, l'en avait toujours éloigné. Comprenait-il, lui aussi, comme Hélène, que c'était là que venait de se forger la foudre qu'il entendait déjà gronder sourdement à l'horizon? Cependant il poussa jusqu'à mi-chemin; en apercevant au bras de Raoul, sur l'autre rive, à travers le feuillage argenté des saules, Hélène dont il ne pouvait distinguer la démarche affaissée ni le pâle visage, il sentit la jalousie le mordre comme un aspic au sein. C'était une âme douce et tendre, mais impétueuse et terrible. Il rentra dans sa chambre, détacha ses pistolets suspendus à l'encadrement de la glace, les examina d'un œil sombre et farouche, en fit jouer les ressorts d'un doigt brusque et violent; puis, honteux de sa folie, il se jeta sur son lit, et ce cœur de lion pleura. Pourquoi? il ne le savait pas. Il souffrait sans connaître la cause de son mal, de même qu'il ignorait la veille d'où lui arrivaient le bonheur et la vie.

La soirée fut moins orageuse. A la tombée de la nuit, il se prit à errer dans le parc en attendant le retour du marquis. La brise rafraîchit son front, la réflexion apaisa son cœur. Il se dit que rien n'était changé dans sa vie, et revint peu à peu à des rêves meilleurs. Il était assis depuis quelques instants sur un banc de pierre, à cette même place, où tant de fois, auprès d'Hélène, il avait vu, au dernier automne, les feuilles jaunies se détacher et tourbillonner au-dessus de leurs têtes, quand tout à coup le sable de l'allée cria doucement sous un pas léger ; un frôlement de robe se fit entendre le long de l'aubépine en fleur ; en levant les yeux, Bernard aperçut devant lui mademoiselle de la Seiglière, pâle, triste et plus grave que d'habitude.

CHAPITRE XV.

— Monsieur Bernard, c'est vous que je cherchais, dit-elle aussitôt d'une voix douce et calme.

En effet, Hélène s'était échappée dans l'espoir de le rencontrer. Sachant qu'il ne lui restait plus que deux nuits à passer sous le toit qui n'était plus celui de son père, prévoyant bien que toutes relations allaient se trouver brisées désormais entre elle et ce jeune homme, elle était venue à lui, non par faiblesse, mais par fier sentiment d'elle-même, ne voulant pas que, s'il découvrait un jour les ruses et les intrigues qu'on avait ourdies autour de sa fortune, il pût croire ou même supposer qu'elle en avait été complice. Elle ne se dissimulait pas d'ailleurs qu'avant de se retirer elle avait vis-à-vis de lui des obligations à remplir ; qu'elle devait au moins un adieu à cet hôte si délicat qu'elle n'avait pu soupçonner ses droits, au moins une réparation à cette âme si magnanime qu'elle avait pu, dans son ignorance, l'accuser de servilité. Elle avait compris enfin qu'elle devait à ce jeune homme de l'instruire elle-même de son prochain départ, pour lui en épargner l'humiliation, sinon la douleur.

— Monsieur Bernard, reprit-elle après s'être assise auprès de lui avec une émotion qu'elle ne chercha pas à cacher; dans deux jours, mon père et moi, nous aurons quitté ce parc et ce château qui ne nous appartiennent plus ; je n'ai pas voulu en sortir sans vous dire combien vous avez été bon pour mon vieux père, et que j'en resterai touchée le reste de ma vie dans le plus profond de mon âme. Oui, vous avez été si bon, si généreux, qu'hier encore je ne m'en doutais même pas.

— Vous partez, mademoiselle, vous partez ! dit avec égarement Bernard d'une voix éperdue. Que vous ai-je fait ? Peut-être, sans le savoir, vous aurai-je offensée, vous ou monsieur votre père ? Je ne suis qu'un soldat, je ne sais rien de la vie ni du monde ; mais partir ! vous ne partirez pas.

— Il le faut, dit Hélène : notre honneur le veut et le vôtre l'exige. Si mon père, en s'éloignant, ne se montre pas vis-à-vis de vous aussi affectueux qu'il devrait l'être ou voudrait le paraître, pardonnez-lui. Mon père est vieux ; à son âge, on a ses faiblesses. Vous ne lui en voudrez pas ; je me sens encore assez riche pour pouvoir ajouter sa dette de reconnaissance à la mienne, et pour les acquitter toutes deux.

— Vous partez! répéta Bernard... mais si vous partez, mademoiselle, que voulez-vous que je devienne, moi? Je suis seul en ce monde; je n'ai ni parents, ni amis, ni famille; les seules amitiés que j'aie retrouvées à mon retour, je m'en suis séparé violemment pour mêler ma vie à la vôtre. Pour rester ici, près de votre père, j'ai répudié ma caste, abjuré ma religion, déserté mon drapeau, renié mes frères d'armes : il n'en est plus un à cette heure qui consentît à mettre sa main dans la mienne. Si l'on devait partir, pourquoi ne l'a-t-on pas fait quand je me suis présenté pour la première fois? J'arrivais alors le cœur et la tête remplis de haine et de colère. Je voulais me venger, j'étais prêt; je haïssais votre père; vous autres nobles, je vous exécrais tous. Pourquoi donc alors n'êtes-vous pas partis? Pourquoi ne m'a-t-on pas cédé la place? Pourquoi m'a-t-on dit : Confondons nos droits, ne formons qu'une seule famille? Et maintenant que j'ai oublié si je suis chez votre père ou si votre père est chez moi, maintenant qu'on m'a appris à aimer ce que je détestais, à honorer ce que je méprisais, maintenant qu'on m'a fermé les rangs où je suis né, maintenant qu'on a créé et mis en moi un cœur nouveau et une âme nouvelle, voilà qu'on s'éloigne, voilà qu'on me fuit et qu'on m'abandonne!

« Ainsi, mademoiselle, reprit Bernard avec mélancolie en relevant sa tête brûlante, qu'il avait tenue longtemps entre ses mains, ainsi je n'aurai apporté dans votre existence que le désordre, le trouble et le malheur, moi qui donnerais ma vie avec ivresse pour épargner un chagrin à la vôtre ! Ainsi, j'aurai passé dans votre destinée comme un orage pour la flétrir et la briser, moi qui verserais avec joie tout mon sang pour y faire germer une fleur ! Ainsi, vous étiez là, calme, heureuse, souriante, épanouie comme un lis au milieu du luxe de vos ancêtres, et il aura fallu que je revinsse tout exprès du fond des steppes arides pour vous initier aux douleurs de la pauvreté, moi qui retournerais triomphant dans l'exil glacé d'où je sors pour vous laisser ma part de soleil !

— La pauvreté ne m'effraye pas, dit Hélène ; je la connais, j'ai vécu avec elle.

— Cependant, mademoiselle, s'écria Bernard avec entraînement, si, exalté par le désespoir comme à la guerre par le danger, j'osais vous dire à mon tour ce que je n'ai point encore osé me dire à moi-même ? A mon tour, si je vous disais : Confondons nos droits et ne formons qu'une même famille ! Si, encouragé par votre grâce et votre bonté, enhardi par l'affection presque paternelle que monsieur le marquis m'a témoi-

gnée en ces derniers jours, je m'oubliais jusqu'à vous
tendre une main tremblante, ah! sans doute vous la
repousseriez, cette main d'un soldat encore toute
durcie par les labeurs de la captivité ; et, vous indi-
gnant avec raison de voir qu'un amour parti de si
bas ait osé s'élever jusqu'à vous, vous m'accableriez
de vos mépris et de votre colère. Mais si vous pouviez oublier comme je l'oublierais avec vous, que j'ai
jamais pu prétendre à l'héritage de vos pères; si vous
pouviez continuer de croire, comme je le croirais
avec vous, qu'à vous est la fortune, à moi la pauvreté, et si je vous disais alors d'une voix humble
et suppliante : Gardez-moi dans un coin d'où je
puisse seulement vous voir et vous admirer en silence; je ne vous serai ni gênant ni importun, vous
ne me rencontrerez dans votre chemin que lorsque vous m'aurez appelé; d'un mot, d'un geste,
d'un regard, vous me ferez rentrer dans ma poussière! peut-être alors ne me repousseriez-vous pas,
vous auriez pitié de ma peine ; et cette pitié, je la
bénirais, j'en serais plus fier que d'une couronne
de roi.

— Monsieur Bernard, dit Hélène se levant avec
dignité, je ne sais pas de cœur si haut placé auquel
ne puisse s'égaler votre cœur; je ne sais pas de main
que la vôtre ne puisse honorer en la touchant. Voici

la mienne : c'est l'adieu d'une amie qui se souviendra de vous dans toutes ses prières.

— Ah! s'écria Bernard osant pour la première fois, pour la dernière, hélas! porter à ses lèvres la blanche main d'Hélène, vous emportez ma vie; mais, noble enfant, vous et votre vieux père, qu'allez-vous devenir ?

— Notre destinée est assurée, dit mademoiselle de la Seiglière, sans songer qu'en voulant s'épargner la pitié de Bernard, elle portait au malheureux le coup de la mort; M. de Vaubert est, lui aussi, un noble cœur : il trouvera autant de bonheur à partager avec moi sa modeste fortune que j'en aurais trouvé moi-même à partager avec lui mon opulence.

— Vous vous aimez? demanda Bernard.

— Je crois vous avoir dit, répliqua mademoiselle de la Seiglière en hésitant, que nous avons grandi ensemble dans l'exil.

— Vous vous aimez? répéta Bernard.

— Sa mère me servit de mère nos parents nous fiancèrent presque au berceau.

— Vous vous aimez? demanda Bernard encore une fois.

— Il a ma foi, répondit Hélène.

—Adieu donc ! ajouta Bernard d'un air sombre. Adieu, rêve envolé ! murmura-t-il d'une voix étouffée, en suivant des yeux, à travers ses larmes, Hélène, qui s'éloignait pensive.

CHAPITRE XVI.

Le lendemain était le jour fixé pour la signature de l'acte de désistement. Sur le coup de midi, le marquis, Hélène, madame de Vaubert et un notaire venu tout exprès de Poitiers, se trouvaient réunis dans le grand salon du château, qui se ressentait déjà du désordre du prochain départ. On n'attendait plus que Bernard. Hélène était grave et fière; le marquis, heureux d'en finir, était léger comme un papillon.

— Eh bien! madame la baronne, disait-il gaiement en se frottant les mains, nous allons donc vivre dans votre petit castel, nous allons reprendre le petit train de notre vie d'Allemagne! Ce sera charmant, nous pourrons encore nous croire en exil. C'est à vous, généreuse amie, que le dernier des la Seiglière aura dû le pain et le sel.

Madame de Vaubert souriait; mais une violente préoccupation se trahissait sur son front et dans son regard.

Bernard entra bientôt, éperonné, botté, la cravache au poing. La baronne se prit tout d'abord à l'observer avec inquiétude ; mais nul n'aurait pu devenir sur le visage de cet homme ce qui se passait dans son cœur.

Après avoir lu à haute et intelligible voix l'acte qu'il avait rédigé d'avance, le marquis prit une plume, releva sa manchette de point d'Angleterre, signa sans sourciller, et offrit à Bernard, avec une politesse exquise, la feuille aux armoiries du fisc.

— Monsieur, lui dit-il en souriant avec grâce, vous voilà rentré authentiquement *dans la sueur* de monsieur votre père.

Le moment était décisif ; madame de Vaubert pâlit et attacha sur Bernard un regard ardent.

Bernard hésita ; impassible et morne, il paraissait n'avoir rien vu, rien entendu. Un éclair de triomphe traversa les yeux de la baronne.

—Ventre-saint-gris ! monsieur, s'écria le marquis, allez-vous faire des façons maintenant?

— Noble jeune homme ! murmura la baronne d'une voix attendrie.

Comme s'il se fût réveillé en sursaut, Bernard tressaillit, prit la feuille de la main du marquis avec une brusquerie militaire, la plia en quatre, la glissa dans la poche de sa redingote, qu'il reboutonna aussitôt, puis se retira gravement, sans avoir dit une parole.

Madame de Vaubert resta consternée.

— Allons! dit le marquis en belle humeur, voilà une bonne journée qui ne nous coûte qu'un million.

— Me serais-je trompée? se demanda madame de Vaubert d'un air visiblement préoccupé. Est-ce que décidément ce Bernard ne serait qu'un vaurien ?

— Mon Dieu! qu'il avait donc l'air triste et sombre ! se dit mademoiselle de La Seiglière, dont le cœur frissonnait sous un vague pressentiment.

La journée s'acheva au milieu des derniers préparatifs de l'expatriation. Le marquis décrocha lui-même assez gaiement les vénérables portraits de ses aïeux, et sur chacun trouva le mot pour rire; mais la baronne ne riait pas. Hélène s'occupa de recueillir ses livres, ses broderies, ses albums, ses palettes et ses aquarelles. Bernard, aussitôt après la séance qui venait de le réintégrer solennellement dans ses droits, était monté à cheval; il ne rentra que bien avant dans la nuit. En traversant le parc, il aperçut mademoiselle de La Seiglière qui veillait à sa fenêtre ouverte; il demeura longtemps, appuyé contre un arbre, à la contempler.

Hélène passa sur pied cette nuit tout entière, tantôt accoudée sur le balcon de sa croisée, regardant, à la lueur des étoiles, les beaux ombrages qu'elle allait quitter pour toujours, tantôt rôdant autour de son appartement, disant adieu dans son cœur à ce doux nid de sa jeunesse.

Brisée par la fatigue, elle se jeta tout habillée sur son lit aux premières blancheurs de l'aube. Elle dormait depuis près d'une heure d'un sommeil léger, lorsqu'elle fut réveillée brusquement par un épouvantable vacarme ; elle courut à la fenêtre : bien qu'on ne fût point en saison de chasse, elle aperçut tous les piqueurs du château réunis, les uns à cheval et donnant du cor à ébranler les vitres, les autres retenant la meute complète, qui, poussait des aboiements effrénés dans l'air sonore du matin.

Mademoiselle de La Seiglière commençait à se demander si c'était le jour de son exil qu'on célébrait ainsi à grand fracas, et d'où lui pouvait venir cette sérénade bruyante et matinale, quand tout à coup elle poussa un cri d'effroi en voyant paraître au travers de la meute, au milieu des piqueurs qui semblaient eux-mêmes frappés d'épouvante, Bernard, éperonné, botté comme la veille et en selle sur Roland. Contenant avec grâce l'ardeur du terrible animal, il le fit avancer en piétinant jusque sous la fenêtre où se tenait Hélène, plus pâle que la mort ; puis il leva les yeux vers la jeune fille, et, après s'être découvert respectueusement, il rendit la bride, enfonça ses éperons dans les flancs du coursier, et partit comme la foudre, suivi de loin par les piqueurs, au bruit éclatant des fanfares.

— Ah ! le malheureux ! s'écria mademoiselle de la Seiglière en se tordant les bras avec désespoir, il veut, il va se tuer !

Elle voulut courir ! mais où ? Roland allait plus vite que le vent. Il avait été convenu, la veille, que Raoul et sa mère viendraient le lendemain, dans la matinée, chercher le marquis et sa fille pour les conduire et les installer définitivement dans leur nouvelle demeure. Comme Hélène se disposait à sortir de sa chambre pour se rendre au salon, elle rencontra sur le seuil Jasmin, qui, en courtisan du malheur, lui présenta sur un plateau d'argent une lettre sous enveloppe. Hélène rentra précipitamment, rompit le cachet, et lut ces lignes, évidemment tracées à la hâte :

« Mademoiselle,

« Ne partez pas, restez. Que voulez-vous que je fasse de cette fortune ? Je ne pourrais l'employer qu'à faire un peu de bien ; vous vous en acquitterez mieux que moi, avec plus de grâce, d'une façon plus agréable à Dieu. Seulement je vous prie de me mettre par la pensée pour moitié dans tous vos bienfaits ; ça me portera bonheur. Ne vous souciez pas de ma destinée ; je suis loin d'être sans ressources. Il me reste mon grade, mes épaulettes et mon épée. Je reprendrai du service ; ce n'est plus le même drapeau, mais c'est encore et toujours la France. Adieu, Mademoiselle. Je vous aime et vous vénère. Je vous en veux pourtant un peu d'avoir pensé à m'embarrasser d'un million ; mais je vous pardonne et vous bénis parce que vous avez aimé mon vieux père.

« BERNARD. »

Sous le même pli se trouvait un testament olographe ainsi conçu :

« Je donne et lègue à mademoiselle Hélène de La Seiglière tout ce que je possède ici-bas en légitime propriété. »

« Fait à mon château de La Seiglière, le 25 avril 1819. »

Lorsqu'elle entra dans le salon, où venaient d'arriver madame de Vaubert et son fils, Hélène était si pâle, si défaite, que le marquis s'écria : Qu'as-tu ? La baronne et Raoul s'empressèrent aussitôt autour d'elle ; la jeune fille demeura froide et muette.

— Ah çà ! dit le marquis, est-ce que le cœur te manque à présent ?

Hélène ne répondit pas.

L'heure fixée pour le départ approchait. La baronne attendait toujours que Bernard y vînt mettre obstacle, et, ne voyant rien venir, dissimulait à peine sa mauvaise humeur. De son côté, le jeune baron n'était pas, à proprement parler, transporté d'enthousiasme. Enfin, refroidi par son entourage, le marquis ne montrait déjà plus la bonne grâce dont il avait fait preuve durant tous ces jours.

— A propos, dit-il tout à coup, ce drôle de Bernard nous a servi ce matin un plat de sa façon.

— De quoi s'agit-il, marquis ? demanda la baronne qui, au nom de Bernard, venait de dresser les oreilles.

— Croiriez-vous, baronne, que ce fils de bouvier n'a même pas attendu que nous fussions partis pour prendre possession de mes biens ? Au soleil levant, il s'est mis en chasse, escorté de ma meute et suivi de tous mes piqueurs.

Ici, mademoiselle de La Seiglière, qui s'était approchée de la porte toute grande ouverte sur le perron, jeta un cri terrible et tomba dans les bras de son père, qui n'eut que le temps de la soutenir. Roland venait de filer le long de la grande allée comme un caillou lancé par une fronde : la selle était vide, et les étriers battaient contre les flancs déchirés du coursier.

A quelque temps de là, il y eut au château de La Seiglière une scène passablement comique ; ce fut quand le malin vieillard, qu'on n'a pas oublié sans doute et que nous appelons Des Tournelles, vint officieusement démontrer au marquis que depuis la mort de Bernard, moins que jamais il était chez lui, et l'engager à déguerpir sur-le-champ, s'il ne voulait encourir les rigueurs de l'administration des domaines ; mais à quoi bon prolonger ce récit ?

Deux mois après la mort de Bernard qui fut attribuée naturellement à une folle équipée, un incident d'une autre nature préoccupa beaucoup les grands et petits, beaux et laids esprits de la ville et des environs : ce fut l'entrée en noviciat de mademoiselle de La Seiglière dans un couvent de l'ordre des filles de Saint Vincent de Paul. On en parla diversement : les uns n'y virent que le résultat d'une piété active et d'une vocation fervente; les autres y soupçonnèrent un grain d'amour en dehors de Dieu. On approcha plus ou moins de la vérité; mais nul ne mit le doigt dessus, si ce n'est pourtant notre marquis, dont le reste de l'existence fut empoisonnée par l'idée que décidément sa fille avait aimé le hussard. Cependant, lorsqu'il put, le testament de Bernard à la main, faire débouter de ses prétentions à la succession vacante l'administration des domaines, le marquis ne put s'empêcher de convenir que ce garçon avait bien fait les choses. Il continua de vivre comme par le passé, sans que l'éloignement de sa fille eût rien changé à ses habitudes. Il mourut d'émotion en 1830, en entendant une bande de jeunes gars qui s'étaient attroupés sous ses fenêtres pour chanter la *Marseillaise*, et lui briser quelques vitres. Notre jeune baron est entré dans une riche famille roturière où il joue le rôle de George Dandin retourné. Le beau-père se raille des titres de son gendre et lui reproche les écus qu'il lui a comptés; sa femme l'appelle monsieur,

baron en lui faisant les cornes. Madame de Vaubert
vit encore. Elle passe ses journées en arrêt devant le
château de La Seiglière ; toutes les nuits elle rêve
qu'elle est changée en chatte, et qu'elle voit danser
devant elle, sans pouvoir seulement lui allonger un
coup de patte, le château changé en souris. Après
la mort de son père, mademoiselle de La Seiglière
a disposé de tous ses biens en faveur des pauvres ;
on assure que le château même deviendra bientôt
une maison de refuge pour les indigents.

FIN

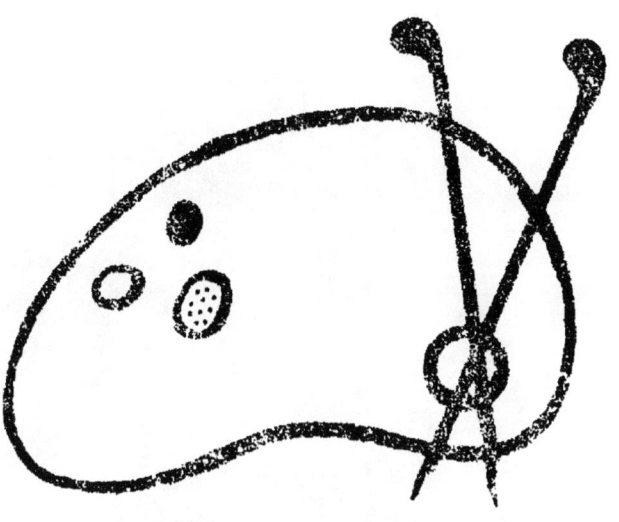

Original en couleur

NF Z 43-120-8

www.ingramcontent.com/pod-product-compliance
Lightning Source LLC
Chambersburg PA
CBHW060630170426
43199CB00012B/1504